福建省高速公路施工标准化管理系列指南

福建省高速公路施工标准化管理指南
Fujian Sheng Gaosu Gonglu Shigong Biaozhunhua Guanli Zhinan

第一分册　工地建设
Di-yi Fence　　Gongdi Jianshe

（第三版）

福建省高速公路建设总指挥部　组织编写

人民交通出版社

北京

内 容 提 要

本书为《福建省高速公路施工标准化管理指南 第一分册 工地建设》(第三版),系在现行高速公路工地建设的相关标准、规范基础上,总结福建省多年来工地建设实践经验编制而成的。本书图文并茂地对工地建设规范化管理的具体要求进行说明,将规范化管理、标准化施工的理念贯穿于施工管理全过程。本书对于提高工地建设水平,消除安全隐患,实现工地建设标准化,确保高速公路施工质量和安全生产有很好的指导作用。

本书适用于福建省所有新建、改(扩)建高速公路项目,以及新增独立互通和出入口工程(含连接线)的工地建设管理,也可供其他省份相关管理与技术人员参考使用。

图书在版编目(CIP)数据

福建省高速公路施工标准化管理指南. 第一分册,工地建设 / 福建省高速公路建设总指挥部组织编写. 3版. — 北京:人民交通出版社股份有限公司,2024. 12. — ISBN 978-7-114-20042-7

Ⅰ. U415.1-62

中国国家版本馆 CIP 数据核字第 2025PC2293 号

福建省高速公路施工标准化管理系列指南

书　　名:福建省高速公路施工标准化管理指南　第一分册　工地建设(第三版)
著 作 者:福建省高速公路建设总指挥部
责任编辑:师静圆　朱伟康
责任校对:龙　雪
责任印制:张　凯
出版发行:人民交通出版社
地　　址:(100011)北京市朝阳区安定门外外馆斜街3号
网　　址:http://www.ccpcl.com.cn
销售电话:(010)85285857
总 经 销:人民交通出版社发行部
经　　销:各地新华书店
印　　刷:北京市密东印刷有限公司
开　　本:880×1230　1/16
印　　张:8.75
字　　数:191千
版　　次:2024年12月　第3版
印　　次:2024年12月　第1次印刷
书　　号:ISBN 978-7-114-20042-7
定　　价:80.00元

(有印刷、装订质量问题的图书,由本社负责调换)

福建省高速公路施工标准化管理系列指南

编 委 会

主　　任：陈岳峰

副 主 任：潘向阳　　陈礼彪

委　　员：许文章　　蒋建新　　黄朝光

本书编写人员

主　　编：陈礼彪

副 主 编：刘光东　　林志平

参编人员：许　晟　　马锐华　　李　音　　虞元茂

　　　　　黄　键　　高　登　　杜　伟　　高晓影

　　　　　郑程斌　　姜雪亮　　林　威　　肖建卿

主编单位：福建省高速公路建设总指挥部

　　　　　福建省高速公路集团有限公司

参编单位：福建省高速公路学会

前 言

2013年12月，我部组织对"福建省高速公路标准化管理系列指南"进行了第一次修编，各参建单位通过近十年的认真贯彻和执行，取得了较好的成效，有效控制了工程质量安全，提高了建设管理水平。党的十八大以来，党中央提出贯彻"创新、协调、绿色、开放、共享"五大发展理念，我国进入了高质量发展的新阶段。《交通强国建设纲要》《质量强国建设纲要》《国家综合立体交通网规划纲要》的陆续发布，开启了我国交通运输建设的新篇章。福建省也积极响应，全力开展交通强国先行区建设。根据福建省委、省政府发布的《福建省综合立体交通网规划纲要》，未来一段时间福建省高速公路将进入新一轮的建设高峰。为更好地贯彻落实交通强国、质量强国的要求，把握新发展阶段，贯彻新发展理念，构建新发展格局，全方位推动福建省高质量发展，更好地"服务发展、服务民生、服务国防建设"，推动福建省高速公路建设向更高速度、更高水平、更高质量发展，我部组织对"福建省高速公路标准化管理系列指南"进行了第二次修编。

本次修编是在近十年"福建省高速公路标准化管理系列指南"使用的基础上，针对使用过程中存在的问题和不足，结合最新的标准、规范、规程，以及交通运输部关于创建绿色公路、平安百年品质工程等工作要求，吸纳已广泛应用的新技术、新工艺、新材料、新设备等和其他省（区、市），以及铁路、市政、建筑等行业可借鉴的经验做法，体现了新时代福建省高速公路建设管理"标准化、均质化、工业化、智能化、绿色化"的具体要求。修编后的"福建省高速公路施工标准化管理系列指南"共七个分册，包括工地建设、路基工程、路面工程及交通安全设施、桥梁工程、隧道工程、生态保护与恢复、工程信息化管理。

本书为第一分册"工地建设"，对各参建单位驻地建设的选址、建设标准和布局提出了具体要求，强调了各生产场站硬件设施、保障措施及施工要素的有效配置，着力改善生产生活环境；着重推进施工现场的集约管理、工业化生产、标准化施工、智能建造和绿色环保；进一步规范了临时工程和生态环保的要求；强化各参建单位的机构、人员管理。

本次修订的主要内容包括：

（1）对原指南章节进行了调整：将原指南第5章"临时工程"改为"临时道路及用电"，并调整为第4章；将原指南第4章"人员管理"改为"机构与人员管理"，并调整为第5章；删除原指南第6章"安全文明施工"。

（2）根据近几年高速公路建设的实际情况，对部分硬件指标进行了调整，如混凝土拌和站、钢筋加工场、梁片预制场和相关机械设备等。

（3）新增了永临结合、环保拌和站、智能梁片预制场、锚固工程加工场、智能化管控、绿色环保等方面的内容。

（4）对各章节内容重新进行了梳理、归并和修改。

本指南可供高速公路项目各参建单位、参建人员使用。使用过程中发现的问题和修改意见，请反馈至福建省高速公路建设总指挥部建设管理部（福州市东水路18号交通综合大楼21F，邮编350001），以便修订时参考。

福建省高速公路建设总指挥部
2024 年 12 月

目 录

- 1 总则 ·· 1
  - 1.1 目的及适用范围 ··· 1
  - 1.2 编制依据 ··· 1
  - 1.3 总体要求 ··· 1
- 2 驻地建设 ·· 3
  - 2.1 一般规定 ··· 3
  - 2.2 施工单位驻地建设 ·· 6
  - 2.3 监理单位驻地建设 ·· 15
  - 2.4 工地试验室建设 ··· 17
- 3 场站建设 ·· 24
  - 3.1 一般规定 ··· 24
  - 3.2 拌和站建设 ··· 26
  - 3.3 钢筋加工场建设 ··· 35
  - 3.4 梁片预制场 ··· 45
  - 3.5 小型构件预制场 ··· 63
  - 3.6 锚固工程加工场 ··· 70
  - 3.7 原材料、半成品、成品存放场 ································ 74
  - 3.8 库房 ·· 77
- 4 临时道路及用电 ·· 81
  - 4.1 一般规定 ··· 81
  - 4.2 临时用电 ··· 81
  - 4.3 施工便道 ··· 84
  - 4.4 施工便桥 ··· 87
- 5 机构与人员管理 ·· 90
  - 5.1 一般规定 ··· 90
  - 5.2 建设单位 ··· 90

5.3	监理单位	92
5.4	施工单位	93
5.5	试验检测单位	95
5.6	人员着装	96
附录 A	场站建设验收表	99
附录 B	标识标牌设置	108

1 总则

1.1 目的及适用范围

1.1.1 为规范福建省高速公路工地建设,改善施工生产生活环境,推进生产场站、驻地、试验室等临建设施"集中规划建设",并在此基础上对外观形象、先进设备、智能建造、生态环保、信息管理等方面进行强化,提高施工效率,提升项目管理水平,确保工程质量安全。

1.1.2 本指南适用于福建省所有新建、改(扩)建高速公路项目,以及新增独立互通和高速公路出入口工程(含连接线)的工地建设管理。

1.2 编制依据

1.2.1 《交通强国建设纲要》《质量强国建设纲要》《国家综合立体交通网规划纲要》《福建省综合立体交通网规划纲要》和交通运输部绿色公路、品质工程指导意见及最新相关要求。

1.2.2 国家,中国工程建设标准化协会、交通运输部等工程建设标准主管部门发布的与工地建设相关的文件、标准、规范、规程和指南等。

1.2.3 福建省颁布施行的相关文件、规定,以及近年来福建省高速公路建设过程中好的经验、措施、做法等。

1.2.4 已广泛应用的新技术、新工艺、新材料、新设备等,以及其他省(区、市)相关行业可借鉴的经验做法等。

1.2.5 工地建设除应符合本指南外,还应符合国家现行有关标准和规范的规定。

1.3 总体要求

1.3.1 工地建设应突出项目特点和人文管理理念,推出创新管理和亮点,应满足安全、环保、节能、实用、高效、以人为本的要求，统筹规划、合理布局、因地制宜、节约资源，集约化管理。

1.3.2 工地建设应按照选址、规划、制定方案、审批及核备、建设、验收等程序组织实施。工地建设临时用地应按照国家及地方有关规定办理审批手续，工程完工后应按规定进行恢复，并验收合格。

1.3.3 建设单位应根据工程内容、工程规模大小以及施工条件等情况开展工地建设规划，确保项目建设严格按照标准化要求实施。

1.3.4 建设单位应将信息化管理内容与工地建设规划相结合。监理、施工、试验检测单位应积极配合建设单位信息化管理要求，配备相应的信息化办公系统和具备建设信息收集、整理、传送的基本设备，并与工地建设做到同时规划、同时建设、同时验收，全程使用、全程维护。

2 驻地建设

2.1 一般规定

2.1.1 驻地建设包括施工单位、监理单位驻地以及工地试验室的建设。驻地硬件设施必须满足招标文件的要求。驻地建设完成后,报建设单位验收。

2.1.2 驻地建设应体现以人为本、绿色低碳的理念,着力改善各参建单位的生产、生活环境。驻地建设应因地制宜,尽量减少对环境的影响。

2.1.3 各参建单位驻地名称应统一,宜按"参建单位名称+项目名称+合同段号+驻地机构名称"的格式设置。

2.1.4 驻地选址应满足以下要求:

1 各参建单位在进场前,应组织人员按照安全和管理要求对现场进行调查,确定选址方案后,报建设单位备案。项目驻地选址宜利用当地现有设施或结合当地建设规划进行永临结合建设。

2 驻地应不受洪水、泥石流和台风威胁,远离塌方、落石、滑坡、危岩等地质不良地段,无高频、高压电源及油、气、化工等其他污染源。应远离水源保护地、自然保护区等。应离集中爆破区500m以外,不得占用独立大桥下部空间、河道、互通匝道区及规划的取(弃)土场。

3 驻地应靠近施工现场,管理方便,不受施工干扰。交通、通信便利,水电设施齐全。

4 租用或利用当地现有设施作为项目驻地的还应符合以下要求:

1)宜租用独栋或有独立院落的房屋,便于采取封闭式管理。租用房屋如图2.1.4-1所示。

2)房屋占地面积及实际使用面积应满足办公、生活要求。

3)租用的房屋应合法合规,各类手续齐全,违章建筑不得租用。

4)租用单位应与房屋产权人签订合法有效的租赁合同,明确房屋租用权限、用途及使用期限等,并报建设单位备案。

5 驻地应采用封闭式管理,在固定的出入口设置大门。出入口应设置专职保卫人员,制定专门的管理制度。驻地出入口如图2.1.4-2所示。

图 2.1.4-1　租用房屋

图 2.1.4-2　驻地出入口

6　房屋应坚固、安全、实用、美观,并满足工作、生活需求。自建房屋应安装、拆卸方便,且满足环保要求。自建房屋最低标准为活动板房,搭建不宜超过两层,板材应采用防水、A级阻燃材料,自建房屋如图2.1.4-3所示。可采用集装箱式的装配式房屋,如图2.1.4-4所示。

图 2.1.4-3　自建房屋

图 2.1.4-4 装配式房屋

2.1.5 驻地应设置专人保洁,夏季有防暑、防蚊虫叮咬措施,冬季有相应的保暖措施。生活饮用水应符合饮用水标准,生活污水及垃圾应集中处理,不得乱排乱放。

2.1.6 驻地内应设有应急救援物资仓库,储备充足的救援物资。应急仓库如图 2.1.6 所示。

图 2.1.6 应急仓库

2.1.7 驻地内的消防设施应满足现行《建设工程施工现场消防安全技术规范》(GB 50720)的有关规定,如图 2.1.7 所示。驻地内使用的电气设备和临时用电应符合现行《建筑与市政工程施工现场临时用电安全技术标准》(JGJ/T 46)的规定。

2.1.8 驻地内应设有必要的防雷设施,在条件允许的情况下驻地应设置报警装置和监控设施,应加强驻地安全管理工作,维护企业和职工生命财产安全。

图 2.1.7 驻地消防设施

2.1.9 驻地标识标牌设置除应符合本章各节及附录 B 的要求外,还应符合国家现行相关规范、标准等的要求。

2.2 施工单位驻地建设

2.2.1 施工单位应按照投标文件有关要求,规范用房及场地建设。

1 路基土建、路面工程项目经理部办公、生活用房建筑面积宜不少于 1000m²,场地占地面积宜不小于 800m²;其他附属工程项目经理部用房建筑面积和场地占地面积应满足办公和生活需要。

2 项目部办公区、生活区及车辆、机具停放区等功能设置应科学合理,区内场地及主要道路应进行硬化处理,排水设施完善,庭院适当绿化,环境优美整洁。项目部公共场所应设置功能分区平面示意图及指路导向牌。项目部布置如图 2.2.1-1 所示。

图 2.2.1-1 项目部布置

3 办公区内应设项目经理办公室(书记办公室)、总工程师办公室、项目副经理办公室、各职能部门办公室、档案室、试验室、会议室等。各科室门口应挂设名称牌。各部室及名称牌如图 2.2.1-2 所示。

2 驻地建设

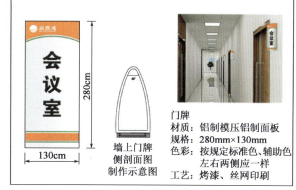

图 2.2.1-2　各部室及名称牌

4　各管理图表均应装裱上墙。管理图表应包括平面图、项目经理部组织机构框图、质量自检体系框图、安全管理体系框图、工程进度柱状图、工程管理曲线图、开展劳动立功竞赛活动有关图表、各项规章制度、工程总体目标、各部门职责、工作计划、晴雨表及主要管理人员考勤表等。管理图表如图 2.2.1-3 所示。办公区大门前宜设置人脸识别或指纹打卡设备。

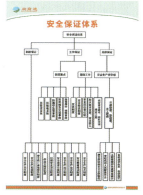

图 2.2.1-3　管理图表

5　生活用房应设宿舍、食堂、浴室、厕所等，具备条件的可设文体活动室或活动场地。办公区和生活区内均应配置必要的消防安全器具，建立安全、卫生管理制度，落实专人维护和保洁。文体活动室如图 2.2.1-4 所示。

图 2.2.1-4　文体活动室

6 宜在项目驻地设置信息管控室,信息管控室内应建立远程施工工地信息管理系统,信息化系统应对现场施工信息和数据进行收集、整理、传送和存储,实时提供视频图像。信息管控室应建立信息化管理制度,规范信息化管理流程。信息管控室如图2.2.1-5所示。

图 2.2.1-5　信息管控室

7 有条件的项目部可在驻地内设置安全体验培训基地,基地内应设有安全培训教育区、安全展示区及安全体验教育区等。安全培训教育区应设有会议场地及多媒体系统。安全展示区宜采用橱窗展示的形式。安全体验教育区内设置的体验项目应有高处坠落、安全帽冲击、安全带使用、消防演示、临时用电及急救演示等。安全培训基地如图2.2.1-6所示。

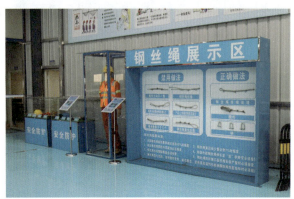

图 2.2.1-6　安全培训基地

8 支部活动场所等工地党建相关设施要求详见《福建省高速公路工地党建标准化指南》。

9 建设单位应根据项目实际情况,统筹规划项目各合同段信息管控室、安全体验培训基地、工地党建展示馆等场馆布置,可选择适当位置建设项目综合管理中心,集中融合项目建设展示、信息化管理、应急调度、安全培训、工地党建等功能,避免重复建设。项目综合管理中心如图 2.2.1-7 所示。

图 2.2.1-7 项目综合管理中心

2.2.2 各功能区设施应符合以下要求:

1 宿舍应坚固、美观,门窗齐全,保证通风;房屋应采用符合防水、A 级阻燃要求的材料,内墙抹灰刷白,地面硬化防潮湿。宿舍如图 2.2.2-1 所示。

图 2.2.2-1 宿舍

1)应每人单床(可上下),禁止通铺或用钢管搭设上下铺;宿舍内床铺不得超过 2 层,确保单层铺不低于 $4m^2$/人,双层铺不低于 $3m^2$/人。床铺应高于地面 0.3m,床铺间距不小于 0.5m。

2)生活用品应放置整齐,有条件的可每人设生活专业组合柜。室内严禁存放易燃、易爆物品,严禁乱拉电线、生火或做饭和使用大功率电器设备。

3）宿舍内应挂设治安、卫生、防火管理制度,夏季应设有防暑降温、防蚊虫措施,冬季应设有保暖和防煤气中毒措施。

4）宿舍内外环境应安全、卫生、清洁,室外应设有标识的垃圾箱并由专人清扫。有条件的应统一床单被罩。

5）宿舍应设置充足,满足要求。宜设置适量的探亲房,方便员工家属探亲使用。应预留居家隔离房,并配独立卫生间,供过渡期间使用。

6）应在合适位置设置盥洗区和晾衣区。盥洗区应配备水池和洗衣机。晾衣区场地应硬化处理,晾衣架应安装牢固、可靠,晾衣区宜安装透光、牢固的防雨棚。盥洗区及晾衣区如图 2.2.2-2 所示。

a) 盥洗区

b) 晾衣区

图 2.2.2-2　盥洗区及晾衣区

7）宿舍门前宜悬挂门牌号。

8）每间宿舍床头宜设置安全电压 USB 充电插口。

2　食堂宜设置在离厕所、垃圾站及有害物质场所不小于 20m 以外的位置,与办公、生活用房的距离不小于 10m。食堂如图 2.2.2-3 所示。

a) 厨房

b) 餐厅

图 2.2.2-3　食堂

1）食堂面积按高峰人数的 70% 计算,人均 1m²,净空高度不得低于 2.8m,地面应硬化处理,食堂排水系统应良好,避免污水淤积。锅台四周面案板挨墙处应贴瓷砖,便于清洁卫生。

2）应制定食堂卫生管理责任制度，具备食品生产许可证，炊事员（包括工作人员）应有健康证，工作时必须佩戴工作证，穿工作服。

3）食堂应配备必要的排风设施和冷藏设施。燃气罐应单独设置存放间，存放间应通风良好并严禁存放其他物品，并定期对燃气设施进行检查。炊具宜存放在封闭的橱柜内，并生熟分开。

4）食堂地面应做防滑处理；应设有防尘、蚊、蝇、鼠害设施；应设置隔离油池并及时清理；生活垃圾要装容器，由专人管理并及时清运，厨房应有防火设施。

5）必须保证供应符合卫生标准的饮用水，高温季节应有降温防暑措施，如供应绿豆汤、茶水等。

3　卫生间必须分设男、女卫生间，面积按现场平均人数设置，人均 $0.2m^2$，总面积不小于 $20m^2$，蹲位数量与人员比例不小于 0.1。卫生间如图 2.2.2-4 所示。

图 2.2.2-4　卫生间

1）必须是水冲式或移动式厕所且保持清洁。大小便池内镶贴瓷砖，水泥砂浆地面，设纱窗纱门，卫生间采光应良好。

2）卫生间地面应做防滑处理，指定专人负责卫生工作，应定时进行清扫、冲刷、消毒，防止蚊蝇滋生，化粪池应及时清掏，符合卫生要求。

4　浴室人均使用面积不小于 $0.3m^2$，总面积不小于 $20m^2$，淋浴喷头数量与人员比例不小于 0.1。浴室如图 2.2.2-5 所示。

图 2.2.2-5　浴室

1）浴室地面应做防滑处理,使用防水灯具和开关,并定时保证充足的冷、热水供给,排水、通风良好。

2）浴室内应配备热水器或集中供应热水。

5 办公室房间净空高度应控制在2.6m以上,房顶应选用符合防水、A级阻燃要求的材料,地面应硬化处理,门窗齐全,通风、照明良好,墙面抹灰刷白。办公室如图2.2.2-6所示。

图2.2.2-6 办公室

1）办公场所应配备必要的办公设备,并排列整齐。应配备必要的信息化硬件设施,满足施工信息收集、整理、传送以及工程进度、质量、安全、计量、变更等项目信息化管理的要求。

2）办公室内应将有关制度图标上墙,文件资料归档整齐。

6 活动(学习)室房间净空高度应控制在2.6m以上,房屋应选用符合防水、A级阻燃要求的材料,地面应硬化处理,门窗齐全,通风、照明良好,墙面抹灰刷白。活动(学习)室如图2.2.2-7所示。

图2.2.2-7 活动(学习)室

1）室内具备活动(学习)条件,设施良好,配备视频和音响播放设备。

2）室内墙上应悬挂各项活动(学习)制度。

7 会议室净宽高度应控制在2.6m以上,房顶选用符合防水、A级阻燃要求的材料,地面应硬化处理,门窗齐全,墙面抹灰刷白。会议室如图2.2.2-8所示。

图 2.2.2-8　会议室

1）应能够容纳 30 人同时开会且面积不小于 60m²。应设置 2 个门，门向外开启，保证发生危险时能及时疏散参会人员。

2）会议室应通风、照明良好，应设有防暑降温设备。会议室应配备必要的会议桌和椅子，非整体性的会议桌应铺桌布。应配备投影仪、话筒等常用会议设施和 1m² 左右的写字板。

3）会议室应连通网络、信号好，具备召开线上视频会议的功能。

4）会议室内应悬挂组织机构图，安全、质量、环保保证体系图，线路平、纵面缩图，工程形象进度图，项目管理方针和管理目标图。各类图表尺寸宽度为 1.2m，长度根据情况确定。有条件的可将项目或标段沙盘设置在会议室。

8　资料室面积应不小于 20m²，净空高度应控制在 2.6m 以上，房顶应选用符合防水、A 级阻燃要求的材料，地面应硬化处理，门窗齐全，墙面抹灰刷白。资料室如图 2.2.2-9 所示。

图 2.2.2-9　资料室

1）所有档案资料宜保存在专用金属柜内，由专人负责收发。

2）资料室应能防潮、防火、防尘、防害虫（虫、霉、鼠等）、防高温等，照明通风良好，并配备消防设备。

3）档案应根据已批复的工程划分，编制档案卷内目录，设置相应档案盒及标签，并事先上架。

2.2.3　项目部所有班组（含劳务人员）应纳入施工工区集中居住、统一管理，项目部应提供较好的工作和生活设施,生活用房建设标准可参考项目部驻地建设,在体现以人为本的理念和确保安全的前提下应实用、美观、隔热、通风、防潮。工人驻地如图2.2.3所示。

图2.2.3 工人驻地

2.2.4 标识标牌应符合以下要求:

1 施工期间,施工单位应在项目部或工地的显著位置悬挂安全生产、领导带班、质量管理、廉政建设、无欠薪项目部公告及投诉渠道告知牌等标识标牌或标语。标识标牌如图2.2.4-1所示。

图2.2.4-1 标识标牌

2 各部室应在明显位置悬挂部室人员安全职责牌、岗位职责牌等,其他标识标牌各项目部应根据实际情况进行设置,并全线统一。

3 合同段两端头或工程项目与邻近交通干道、城市、村镇人群密集点的醒目位置宜设置彩门,彩门为钢结构,样式应全线统一,牢固、安全,净高不低于5.5m。彩门如图2.2.4-2所示。

4 在驻地附近主干道应设置指路牌,指路牌样式应全线统一。指路牌样式如图2.2.4-3所示。

5 在项目部驻地和工地附近重要路口应设置宣传栏。宣传栏如图2.2.4-4所示。

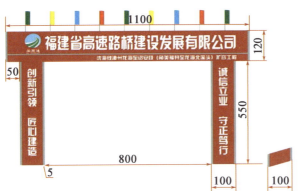

图2.2.4-2 彩门(尺寸单位:cm)　　　　图2.2.4-3 指路牌

图2.2.4-4 宣传栏

2.3 监理单位驻地建设

2.3.1 监理单位应按照投标文件有关要求,规范用房及场地建设。

2.3.2 监理驻地除了要有便利的交通、通电、通水、通信条件外,还应具备信息化办公管理条件。总监理工程师办公室和驻地监理工程师办公室应相对独立设置。监理驻地面积具体要求见表2.3.2。

　　1 监理驻地房屋宜租用沿线合适的单位或民用房屋,可自建活动板房,应坚固、安全、耐用,并满足工作需要。监理驻地如图2.3.2所示。

　　2 办公区和生活区内均应配置必要的消防安全器具,建立安全、卫生管理制度,落实专人维护和保洁。

　　3 监理驻地硬件设施参照本指南第2.1节和2.3节相关要求。若项目未设立第三方工地试验室的,监理单位应根据合同要求设立工地试验室,工地试验室建设参照本指南第2.4节相关要求。

表 2.3.2 监理驻地面积要求

编号	名称	配备标准(m²)	备注
1	办公用房	人均 5~8	
2	会议室	不少于 60	
3	试验室(监理单位)	不少于 180	地面应进行混凝土硬化
4	生活用房(含浴室、卫生间)	人均 8	
5	餐厅	20~40	
6	厨房	10~30	

注：总监理工程师办公室取高值，驻地监理工程师办公室取低值。

a) 自建房屋

b) 租用房屋

图 2.3.2 监理驻地

2.3.3 标识标牌应符合以下要求：

1 应在监理驻地的醒目位置，悬挂组织机构图、线路平纵面缩图、工程形象进度图等，并在驻地显著位置设置廉政监督牌和监督台，聘请社会廉政监督员并公布；应设廉政举报箱和举报电话。廉政监督牌如图 2.3.3 所示。

图 2.3.3 廉政监督牌

2 消防设施存放处应设置提示标识,废旧物品存放区应设置明示标识。

3 各部室应在明显位置悬挂监理工作流程图、监理规章制度牌、监理部门职责牌、监理人员岗位职责与权限标牌等,其他标识标牌应根据实际情况进行设置,并做到全线统一。

4 试验室标识标牌有关要求参照本指南第2.4.10条内容。

2.4 工地试验室建设

2.4.1 施工、监理、试验检测单位应按照投标文件有关承诺,规范工地试验室建设。

1 工地试验室房屋宜租用沿线合适的单位或民用房屋,可自建活动板房,应坚固、安全、耐用,并满足工作需要。工地试验室如图2.4.1所示。

图2.4.1 工地试验室

2 试验区、办公区、生活区内均应配置必要的消防安全器具,建立安全、卫生管理制度,落实专人维护和保洁。

2.4.2 工地试验室应满足交通运输部《公路水运工程质量检测管理办法》的有关规定,由取得公路水运工程试验检测机构资质等级证书的试验检测机构(母体检测机构)授权设立,且授权的试验检测项目和参数不得超出其等级证书核定的业务范围。母体试验检测机构对工地试验室的试验检测行为及结果承担责任。

2.4.3 施工、监理和试验检测单位应在工程正式开工前,根据合同要求,经授权在工程现场设立与工程内容相适应的工地试验室。经建设单位组织验收合格,并取得批准后方可正式开展试验检测工作。

2.4.4 工地试验室用房建筑面积应不少于180m²,场地占地面积宜不小于105m²。工地试验室房屋应坚固、安全、耐用,并满足工作要求。工地试验室各试验场所面积最低要求见表2.4.4。各试验场所布置如图2.4.4所示。

表 2.4.4　工地试验室各试验场所面积最低要求

功能区类别		水泥室	水泥混凝土室	土工室	集料室	力学室	样品室	沥青室	沥青混合料室	标准养护室	无机结合料室	检测设备室	办公室	资料室	会议室
面积要求（m²）	监理或试验检测单位	20	20	20	15	20	15	20	25	20	15	10	36	15	20
	施工单位	20	20	20	15	20	15	20	25	25	15	10	30	15	20

注：1. 各功能区之间必须具有有效的隔离措施，避免开展试验时相互干扰。
　　2. 有温、湿度要求的功能区必须安装必要的温、湿度控制设备。
　　3. 工地试验室场所需做好必要的安全和环保措施。

a) 力学室

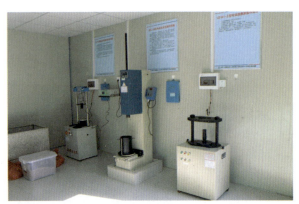
b) 土工室

c) 水泥室

d) 混凝土室

e) 养护室

f) 检测设备室

图 2.4.4　各试验场所布置

2.4.5 试验工作环境应符合下列要求：

1 水泥室应配备温、湿度自动控制设备，温度控制20℃±2℃，相对湿度大于50%；水泥养护箱温度控制在20℃±1℃，相对湿度控制大于90%，养护温度控制在20℃±1℃，水泥使用专用水槽养护，将同一工作日制作的同品种水泥分别养护。

2 混凝土、砂浆试件养护室应配备温、湿度自动控制设备，温度控制在20℃±1℃，相对湿度大于95%。试件应放在支架上，间隔10~20mm，不得抽水直接冲淋。

3 水泥比表面积室相对湿度不大于50%，应安装除湿设备。细集料密度试验过程温度控制在23℃±1.7℃，应安装空调或配置恒温水浴。试验工作环境温度、湿度控制设备如图2.4.5所示。

图2.4.5 试验工作环境温度、湿度控制设备

4 检测室的检测环境条件应满足以下要求：

1）恒温恒湿试验室应配备空调和去湿机。

2）相邻区域的工作不相容时，应采取有效的隔离措施。

3）检测过程中使用的消耗材料和物质的存储对环境条件有要求时，应有措施保证其满足要求，避免材料和物质的损坏或变质。

2.4.6 工地试验室应采用信息化办公管理，并配备必要的信息化硬件，满足施工信息收集、整理、传送的要求。

1 试验室应配备视频远程监控、主要试验设备数据实时采集上传的设备和系统，并建立工地试验室数据管理系统，通过网络，将各试验设备自动采集的数据自动传输到省级监管平台。

2 应指定专人负责管理，定期维护联网配套软硬件，试验设备及光纤网络应完好、通畅，如有故障或损坏应立即上报建设单位。

3 工地试验室的万能试验机、压力试验机和抗折试验机应具备恒加荷自动控制采集功能，并能进行联网。凡进行联网的试验机应经过省级法定计量机构检定，符合现行《拉力、压力和万能试验机检定规程》（JJG 139）中Ⅰ级精度的要求，并取得检定证书。

4 工地试验室数据管理系统软件应符合图2.4.6的要求,并能完全实现试验数据即时传输至福建省高速公路建设监管一体化平台。

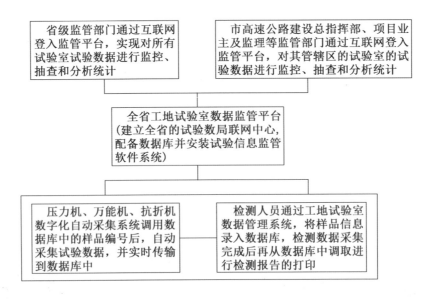

图2.4.6 全省工地试验室数据联网模式架构图

5 试验室的互联网接入带宽应达到2M以上的ADSL或采用城域网Lan,以满足检测数据即时传输与下载的稳定。

6 工地试验室信息化管理的其他要求详见"工程信息化管理"分册。

2.4.7 试验设备配置应满足招标文件要求,同时能够适应工程内容及规模相关要求。设备精度、量程等技术指标应满足试验规程相关标准要求。试验室应配备必要的试验辅助器具及工具。

1 工地试验室的仪器设备在中标后30d内必须全部到位,45d内完成安装、调试、标定和临时资质申请。

2 试验设备应按照设备使用说明书或试验规程相关要求进行安装。设备需要安设基座固定的,应在试验室建设时根据布局设计设置基座,基座顶面应保持水平,待设备就位调平后采用地角螺栓进行固定。对基座有隔振要求的应设立不与其他建筑物直接相连的独立混凝土台座,周围存在振源时应在地面与台座间设置5mm厚橡胶垫。

3 大型设备如混凝土压力机、万能材料试验机离墙距离最少60cm,水泥胶砂、抗折试验机等设备离墙距离最少10cm。

4 混凝土压力机、万能材料试验机等力学设备应设置金属防护罩或安全防护网,采用防护网时网眼尺寸不宜大于1cm×1cm,使用的防护网应保证安全、方便操作。

5 各功能室电源插头应齐整布设且高出地面1.3m以上,操作台高度宜控制在70~90cm,台面宽度宜为60~80cm,台面为混凝土或铺设地板砖的,表面应平整,操作台下设置带有柜门的储物隔柜。

6 工地试验室安装完成后,应经地方计量认证部门对各类检测设备进行标定。完成自检、开始运作前,应经建设单位组织专业验收并签署同意使用意见。

2.4.8 工地试验室试验与检测管理应满足以下要求:

1 应严格遵循独立、客观、及时、准确的工作原则,按照现行的国家或行业标准、规范和规程开展工地试验检测工作。

2 工地试验室开展的试验检测项目不得超出认定的项目及参数范围。对认定范围以外的试验检测项目及参数应经建设单位认可后委托具有资质的试验检测机构承担。

3 特殊材料的取样和送检工作,宜由建设单位组织施工单位项目部和监理单位联合进行,并送到具有资质的试验检测机构进行检验。

4 工地试验室完成的试验检测数量必须达到规定的频率要求。

5 工地试验室应实行留样制度及样品保存制度。对于水泥、沥青原材料、水泥混凝土试件等应按规定期限进行保存。

6 试验人员应由有相应资格的人员担任,并根据工程任务特点进行职责的合理划分。试验室所有从事试验工作的人员都必须持证上岗,并保持稳定,不得随意更换。

7 试验人员作业前应按设备的操作规程进行检查,作业中严格遵守劳动纪律,应当严格执行操作规程和有关的安全规则制度,并做好设备的使用、维护、保养记录。各类设备应定期标定检查。

8 试验废弃原材料回收或存放应符合环保要求。对电磁干扰、灰尘、振动、电源电压等应严格控制,对发生较大噪声的检测项目应采取隔离措施。

9 试验室室内环境应经常保持整洁卫生,并满足试验要求。

2.4.9 工地试验室资料及样品管理应满足以下要求:

1 工地试验室资料管理应规范有序。

1)工地试验室应收集齐全部本工程项目所需的现行试验检测规范规程和相关标准,并编辑目录清单。

2)工地试验室的报告和记录格式必须符合现行《福建省公路工程试验检测报告规范》(DB35/T 520)的要求。

3)试验检测原始数据应记录在统一印制的原始记录本上,原始记录统一用黑色水笔填写,应填写规范、字迹清晰。原始数据不得转抄或涂改,当记录或书写错误需要更正时,应采用正确的"划改"方式,并在旁边填上正确数据,同时加盖刻有试验人员姓名的印章或签字。

4)应建立完整的原材料进场检验、标准试验、现场抽样试验、工艺试验、验收试验、外委试验、检测不合格报告和试验检测报告汇总等台账以及设备使用台账。

5)试验资料归档应分类明确、齐整有序、条目清晰。出具的各类试验报告、施工配料单等资料,应及时完成签认,规范归档。签字不齐全,记录或报告不完整的资料不得归档。

6)工地试验室的档案资料应有专人负责管理,并做好资料的防火、防盗、防蛀及保密工作。试验资料不得外借,不得任意复印摘抄试验报告内容,如需外借,须经试验室主任批准才能进行。

7)各种试验资料应记录完整,真实有效,严禁造假。

2 工地试验室样品管理应满足以下要求:

1)样品在检测后应备份留样,以备复查核实,样品如遇意外损坏或丢失,应在原始记录中说明,并向试验负责人报告。

2)应配备专门的样品间或样品柜(架)来储存样品。取样后的样品应按要求进行包装、密封、编号、标识、登记,并对其状态做出详细的描述和记录,同时粘贴唯一性标识,做到账物一致。对不符合规定的样品应重新取样。样品管理如图2.4.9所示。

 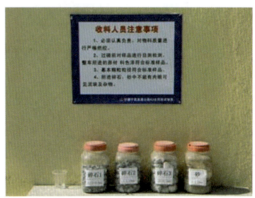

图2.4.9 样品管理

3)样品的储存环境应安全、无腐蚀、无鼠害,防火、防水、防盗措施齐全,卫生、清洁、干燥且通风良好,温度、湿度符合要求。

4)试验用的有毒有害液体,应执行双人保管制度,严格按照规程操作。对要求在特定环境下储存的样品,应严格控制环境条件。易燃、易潮和有毒的危险样品应隔离存放,并做出明显标记。

2.4.10 工地试验室标识标牌应满足以下要求:

1 应在试验室的醒目位置,悬挂授权委托书、岗位操作规程、试验人员公示牌、试验人员职责、试验流程图、试验检测形象进度图等。

2 试验区域、有毒有害气体存放处所应设置禁止、指令标识。

3 消防设施存放处所应设置提示标识,废旧物品存放区应设置明示标识。

4 试验规章制度及操作规程(试验室工作岗位责任制,试验检测工作程序,试验仪器设备操作规定,试验仪器的定期标定、保养、维修制度,试验室安全和卫生管理制度,试验资料管理台账制度,标准养护室管理检测制度,取样要求和样品管理制度,试验报告表格填写要求等)必须全部上墙。主要试验仪器设备均应有试验仪器使用管理标识牌,悬挂或粘贴在仪器设备醒目位置,便于识别。

试验室标识标牌如图 2.4.10 所示。

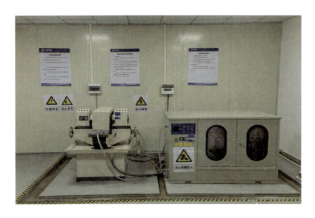 

图 2.4.10　试验室标识标牌

3 场站建设

3.1 一般规定

3.1.1 场站建设包括拌和站、钢筋加工场、预制场、施工材料存放场等生产场地建设。

3.1.2 合同段内所有混凝土应集中拌和、钢筋应集中加工、预制构件应集中生产。有条件的合同段可将多个生产场站或驻地合并建设，实现"多集中"。场站"多集中"建设如图3.1.2所示。

图3.1.2 场站"多集中"建设

3.1.3 每个合同段原则只设置一座大型拌和站、钢筋加工场、预制场。对个别段落确因条件限制，如长隧道、跨大江大河、运输便道等无法满足要求的，由施工单位项目部提出书面申请报监理单位总监办审核，经建设单位审批后，方可增设。

3.1.4 施工单位签订合同后应立即着手进行场站的选址与规划，一个月内明确场站设置规模及位置，并编写建设方案，内容包括位置、占地面积、功能区划分、场内道路布置、排水设施布置、水电设施设置及施工设备的型号、数量等。

3.1.5 场站色调应统一、协调，除租用的场站外，自建的场站宜按"红顶白墙"的原则配色。场站配色如图3.1.5所示。

图 3.1.5 场站配色

3.1.6 场站规划方案应经监理单位总监办审批同意后方能进行建设,并报建设单位备案。建设过程中,监理工程师应全程参与监督实施,严格按照批准的方案建设,防护工程宜先行施工完成。场站建设完成后,施工单位应按附录 A 的要求填写建设验收表并报监理单位总监办申请四方联合验收。对不符合要求或未经四方联合验收的场站不允许投入使用,待整改并验收合格后方能开始生产。

3.1.7 场站临时用电应符合现行《建筑与市政工程施工现场临时用电安全技术标准》(JGJ/T 46)的有关规定。具体要求参照本指南第 4.2 节内容。

3.1.8 场站消防设施应满足现行《建设工程施工现场消防安全技术规范》(GB 50720)的有关规定,配置相应的消防安全标识和消防安全器材,并经常检查、维护、保养。

3.1.9 场站在施工过程中产生的废水、废油及废渣等应经过处理后处置,不得乱排乱放。工程交工后,除非另有协议,承包人应自费恢复驻地原貌,并经总监办验收合格。

3.1.10 因工程需要使用商品混凝土的应满足以下要求:
  1 施工单位应严格审查商品混凝土供应企业的生产资质、能力及社会信誉等,经总监办审批通过后,报建设单位备案。
  2 商品混凝土进场使用前,施工单位应对其生产配合比进行验证。
  3 商品混凝土生产过程中,施工单位应派试验人员进场抽查混凝土的生产过程,定期检查商品混凝土原材料使用情况,并监督混凝土配合比的落实和执行情况,确保用于本工程的混凝土质量稳定、合格。

3.1.11 场站标识标牌设置除应符合本章各节及附录 B 要求外,还应符合国家现行相关规范、标准等要求。

3.2 拌和站建设

3.2.1 拌和站建设应满足以下基本要求：

1 拌和站包括水泥混凝土拌和站、水稳拌和站和沥青混凝土拌和站，应根据工程实际情况集中布置，采用封闭式管理，四周设置围墙，入口设置大门和值班室。拌和站布置如图 3.2.1-1 所示。

a) 水泥混凝土拌和站　　　　　　　　　b) 沥青混凝土拌和站

图 3.2.1-1　拌和站

2 每个合同段所有用于永久性工程的混凝土必须进行集中拌和、自动计量、集中供应，严禁在施工现场设置小型拌和站或使用小型拌和设备生产混凝土。用于房建工程的混凝土宜集中拌和。

3 拌和站应保证在施工高峰期进行混凝土不间断供应。同时，应配备足够的混凝土搅拌车和混凝土泵送车，满足混凝土高峰作业的需要。

4 拌和站应由项目部直接进行建设及管理，不得分包、转包给其他单位或个人。

5 施工便道的修建应保证混凝土运输车等施工车辆在晴雨天气顺畅通行。

6 拌和站建设应综合考虑施工生产情况，合理划分拌和作业区、材料计量区、材料库、运输车辆停放区、试验区、集料堆放区及生活区，内设洗车池（洗车台）、污水沉淀池和排水系统。拌和站的生活区应同其他区隔离开，场地进行硬化处理。

7 拌和站建设应遵循绿色环保理念，严格控制粉尘污染，拌和机、储料仓（除水稳拌和站粗集料仓外）、下料仓区域应采用轻型钢结构进行全封闭，水稳拌和站粗集料仓宜采用轻型钢结构进行全封闭。封闭式拌和站如图 3.2.1-2 所示。

8 沥青拌和站应采用环保型沥青拌和楼，或在常规沥青搅拌设备的基础上通过引入先进的生产工艺，增加沥青烟气收集和处理技术，控制粉尘排放及场地扬尘，并在生产过程中使用清洁能源，对沥青搅拌设备采用全封闭等环保措施。环保型沥青拌和楼如图 3.2.1-3 所示。

9 拌和站建设验收见本指南表 A-1。

图 3.2.1-2 封闭式拌和站

图 3.2.1-3 环保型沥青拌和楼

3.2.2 场地建设应满足以下要求：

1 拌和站场地面积应满足生产、施工需求和工程进度要求。不同类型拌和站场地面积应符合表 3.2.2-1 的规定。

表 3.2.2-1 不同类型拌和站面积要求

拌和站类型	场地面积（m²）
水泥混凝土拌和站	≥8000
沥青混合料拌和站	≥35000
水稳拌和站	≥15000

注：场地面积为含备料场面积。

2 拌和站场地边界应采用牢固、安全的通透式围墙封闭，材料堆放区、拌和区、作业区应分开或隔离。

1）拌和站内的所有场地必须进行混凝土硬化处理，并按照永久工程的标准建设，出现开裂、积水等问题应及时进行处理。拌和站场地硬化标准应符合表 3.2.2-2 的规定。

表 3.2.2-2　拌和站场地硬化标准

场地硬化结构		一般部位	一般行车道路	大型作业区、重车行车道路
垫层	厚度（cm）	≥15	≥15	≥15
	材料	片、碎石	片、碎石	片、碎石
面板	厚度（cm）	≥10	≥20	≥20
	材料	C15 混凝土	C20 混凝土	C20 混凝土

2）场地硬化应按照四周低、中心高的原则进行，面层排水坡度应不小于1.5%，场地四周应设置排水沟，排水沟底面采用 M7.5 砂浆进行抹面，做到雨天场地不积水、不泥泞，晴天不扬尘。场地硬化如图 3.2.2-1 所示。

图 3.2.2-1　场地硬化

3）在场地内合适的位置设置沉砂井及污水过滤池，严禁将站内生产废水直接排放，并定期清理沉渣。沉淀池及污水处理如图 3.2.2-2 所示。

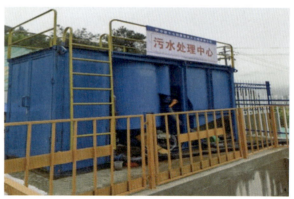

图 3.2.2-2　沉淀池及污水处理

4）拌和站入口处应设置自动洗车台或洗车池，车辆进出应对车辆进行清洗，避免污染。自动洗车台如图 3.2.2-3 所示。

图 3.2.2-3　自动洗车台

3　拌和站堆料场应符合以下要求：

1）各类砂石料应按配料要求，不同粒径、不同品种分仓存放，不得混堆、交叉堆放或向料仓口卸料，并设置明显标识。

2）料仓隔墙高度应不低于 2.5m，并根据施工高峰储料量适当加高。应采用不小于 30cm 厚的 C20 混凝土浇筑而成，或采用高强度的材料，隔墙应牢固、安全、不易损坏。隔墙端头应设置黄黑色警戒线，并在隔墙上标记堆料限高线和清仓线。料仓如图 3.2.2-4 所示。

图 3.2.2-4　料仓

3）仓内地面向仓料口设置不小于 3% 的地面坡度，严禁设置反坡向仓后排水。料仓口应设置排水沟，防止积水并定期清理。料仓顶棚应设置排水槽和泄水孔，并引排至地面排水沟。

4）储料仓应按两个四仓式配置，其中一个四仓式为检验合格仓，另外一个四仓式为待检仓。料仓的容量应满足最大单批次连续施工的需要，并留有一定的余地，另外还应满足运输车辆和装载机等作业要求。

5）储料仓内宜设喷淋降尘设施，避免粉尘污染。

6）所有集料进场后应分批验收，验收不合格材料不得使用，应立即清除出场。

7）集料进场应分层堆放，并控制每层集料的堆垛高度。底部卸料按图 3.2.2-5a) 所示斜堆，顶部卸料按图 3.2.2-5b) 所示平堆。上料时，装载机应从底部按顺序竖直装料，减小集料离析。

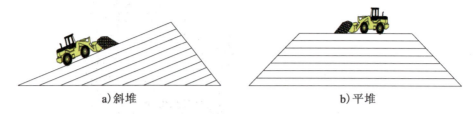

图 3.2.2-5 分层堆料示意图

3.2.3 标识标牌应满足以下要求：

1 拌和站入口大门位置应悬挂详细的现场布置图，站内各功能区应设置明显的标识牌。拌和站标识标牌如图 3.2.3-1 所示。

图 3.2.3-1 拌和站标识标牌

1）拌和站内醒目位置应设置工程告示牌、安全生产牌、消防保卫牌、管理人员名单及监督电话牌、文明施工牌等明示标识。

2）拌和站出入口、拌和楼控制室应设置禁止、警告、指令标识。

2 拌和机操作房前醒目位置应悬挂混凝土配合比标识牌，油漆喷涂确保不褪色，数字采用彩笔填写，字迹工整清晰。标识牌内应包括以下内容：混凝土设计与施工配合比（含外加剂），粗细集料的实测含水率及各种材料的每盘使用量等。拌和机标识标牌如图 3.2.3-2 所示。

1）可采用 LED（发光二极管）显示屏，面积不宜小于 $8m^2$，单屏可以完整显示出上述内容。

2）标识牌或 LED 显示屏内容应及时更新。

3 储料仓应采用上下牌标识，其中，上牌悬挂于料仓顶棚正中间，下牌置于分仓隔墙上，下牌可为 LED 屏或液晶屏，分辨率、清晰度应满足使用要求。标识牌内容包括材料名称、产地、规格型号、生产日期、出产批号、进场日期、检验状态、进场数量、使用部位等。

4 下料仓应采用上下牌标识，其中，上牌悬挂于料仓顶棚正中间，下牌置于下料仓上。标识牌内容为各下料仓的集料名称和级配。料仓标识标牌如图 3.2.3-3 所示。

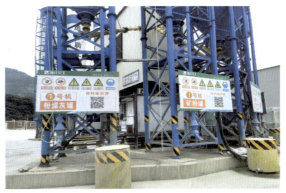

图 3.2.3-2　拌和机标识标牌

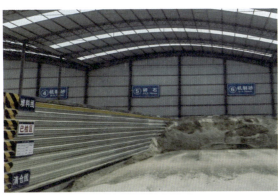

图 3.2.3-3　料仓标识标牌

5　拌和站管理人员和作业人员应统一制服、挂牌上岗。

3.2.4 机械设备应满足表 3.2.4 及以下要求：

1 水泥混凝土拌和站必须达到两个四仓式自动计量标准，粗集料按 4.75～13.2mm、13.2～19mm、19～31.5mm 三种粒级进行采集和掺配；若是梁片预制的专用拌和站，可只配备 4.75～13.2mm、13.2～19mm 两档料仓。

2 拌和站启用之前，临时工程施工必须配备相应拌和设备或采用商品混凝土。

3 拌和站建设完成后，应根据拌和机的功率配备相应的备用发电机，确保拌和站有可靠的电源使用。

4 拌和站的计量设备应通过当地政府计量部门标定后方可投入生产，使用过程中应不定期进行复检，确保计量准确。

5 混凝土运输车的数量应与拌和站的生产能力及工程所需要的混凝土数量相匹配，混凝土车必须具备在运输过程中自动搅拌的能力，搅拌罐容积不小于 $6m^3$。

6 下料仓容量应满足高峰期生产需要。不同下料仓之间钢隔板高度应不小于 1.5m，厚度不小于 10mm，防止串料。集料应通过封闭式输送带输送至拌和机。

表 3.2.4 拌和站设备要求

拌和站类型	每个拌和站搅拌机组最低配置	其他设备要求	产能要求	下料仓隔板高度(cm)	拌和机
水泥混凝土拌和站	2 台拌和机（每台至少有 3 个水泥罐、4 个集料仓）	应配备砂石分离机	单机 $\geq 90m^3/h$	≥100	—
沥青混凝土拌和站	1 台拌和机（每台至少 3 个沥青罐、2 个矿粉罐、冷热集料仓各 5 个）	应采用环保型沥青拌和楼；宜采用天然气加热装置	≥240t/h	≥100	间歇式
水稳拌和站	1 台拌和机（每台至少 3 个水泥罐、4 个集料仓）	宜选用振动搅拌机或双拌缸拌和楼	≥400t/h	≥100	强制式

3.2.5 拌和站信息化管理要求：

1 水泥混凝土拌和站应安装生产监控系统，并及时布设 10M 独立光纤用于远程监控系统，在拌和站投入使用前调试完成。监控系统应能实时采集各种原料的实际投放重量，获取混凝土水胶比、最小水泥用量两个控制指标，统计施工期间混凝土总产量、超限产量、超限指标及对应超限次数、各指标超限百分比等统计值，并实时上传至福建省高速公路建设监管一体化平台。

2 沥青混凝土拌和站应安装监控系统，并及时布设 10M 独立光纤用于远程监控系统，在拌和站投入使用前调试完成。监控系统应能实时采集矿料级配、沥青用量、拌和温度、拌和时间等数据并自动实时预警，分阶段统计各沥青拌和站生产总量，进行合格率分析，并实时上传至福建省高速公路建设一体化平台。

3　监控系统开始运作后不得随意切断电源及网络，不得遮挡拌和楼主控计算机主页面，不得随意更改拌和楼设置，确保参数上传稳定，应设定专职联络员以便联系。

4　拌和站入口和拌和机位置均应设置远程视频监控探头，并确保能24h监控，并接入福建省高速公路建设一体化平台。

5　拌和站监控系统具体要求详见"工程信息化管理"分册。拌和站远程监控调度如图3.2.5所示。

图3.2.5　拌和站远程监控调度

3.2.6　拌和站应满足以下安全环保要求：

1　拌和站内各功能区必须在明显位置设置防火设施。站内灭火器不少于10个，至少设置一个消防池并配备相应的灭火器材。

2　水泥或粉煤灰罐必须安装避雷设施及缆风绳，在进行场地硬化时应在地面预埋缆风绳拉钩，拉钩应有足够的抗拔力。钢结构顶棚应能防强风和强降雨，必要时进行加固。缆风绳如图3.2.6-1所示。

图3.2.6-1　缆风绳

3　采用天然气的沥青拌和站建成后应按有关要求和规定对天然气管道、阀门、储气罐等设备进行安全验收，并加强使用过程中的巡检。

4　拌和站内沉淀池、洗车池、输送带等临边、临空位置应设置防护栏杆，并禁止人员进入。拌和站设备检修时应做好检修人员的防护工作，防止高空坠落和机械伤害等。防护栏杆如图 3.2.6-2 所示。

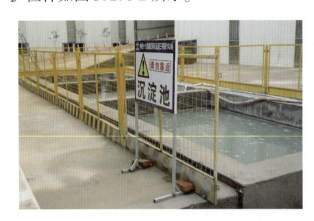

图 3.2.6-2　防护栏杆

5　进出拌和站的车辆均应通过洗车池清洗。站内地面应定期清扫洒水,可采用自动喷水降尘设施,对粉尘源进行覆盖遮挡。自动喷水降尘设施如图 3.2.6-3 所示。

图 3.2.6-3　自动喷水降尘设施

6　临近居民区施工产生的噪声不应大于现行《建筑施工场界环境噪声排放标准》（GB 12523）的规定,否则应进行监控。临近村镇等人员聚集区的拌和站可对拌和站的噪声、空气质量等进行监控监测。环境监测如图 3.2.6-4 所示。

图 3.2.6-4　环境监测

7 拌和站内产生的废水、废油及生活污水不得直接排入河流、湖泊或其他水域中，也不得排入饮用水附近的土地中。处理达标后方可排入市政污水管网或河流。

8 施工现场浇筑完成后剩余的混凝土应运回拌和站，使用砂石分离机进行分离，进行重复利用，严禁随意倾倒混凝土。砂石分离机如图3.2.6-5所示。

图3.2.6-5 砂石分离机

9 水泥、粉煤灰等材料进料时，要注意材料罐顶的密封性能，当粉尘较大时，应暂时停止上料，待处理完后方可继续。罐顶应设置脉冲式除尘设施，如图3.2.6-6所示。

图3.2.6-6 除尘设施

10 应安排专人定期进行拌和站的清理和打扫，保持拌和站内卫生。

3.3 钢筋加工场建设

3.3.1 钢筋加工场建设应满足以下基本要求：

1 每个路基土建合同段原则上只设置一座钢筋加工场，对合同段内桥梁、隧道及涵洞等结构物的钢筋进行集中加工，严禁零散加工和在施工现场临时加工。以桥梁为主、预制梁片数量较多的合同段，可单独设置一座预制梁片钢筋加工场，但必须与梁片预制场集中设置，确保预制梁片流水线施工。钢筋加工场如图3.3.1所示。

图 3.3.1 钢筋加工场

2 钢筋加工场地应合理选择设置地点,采用集中加工配送方式,减少二次搬运量,做到加工与施工互不干扰。

3 加工设备应以数控、智能、有效减少钢筋场内人员为原则,淘汰传统的人工加工设备。

4 规划方案经监理工程师审批同意后才能进行钢筋加工场建设,并报建设单位备案。钢筋加工场建设验收见本指南表 A-2。

5 钢筋加工场的规模及功能应符合投标文件承诺的有关要求及满足施工需要。材料堆放区、成品区、作业区应分开或隔离,并设置避雷及防风的保护措施。

6 项目部应按照拌和站和预制场的管理模式,由项目部进行建设并采用封闭式管理,并配备专门的技术人员及管理人员,监理单位也应配备足够的专监及现场监理员进行监管。

3.3.2 场地建设应满足以下要求:

1 场地面积应根据钢筋(材)加工量的大小、工期等要求设置,不低于表 3.3.2 的规定。

表 3.3.2 钢筋加工场规模及面积标准

规模	加工总量 $t(t)$	场地面积(m^2)
特大	$t > 30000$	≥5000
大	$10000 \leq t \leq 30000$	≥3500
中	$6000 \leq t < 10000$	≥2000
小	$t < 6000$	≥1500

2 钢筋加工场顶棚及架构应采用工厂式标准件钢结构搭设,四周全封闭,并根据场内功能区布置设置进出大门。顶棚及侧墙应间隔一定距离采用透明采光材料,顶棚应设置通风设施,侧墙应设置窗户,确保钢筋加工场内的采光和通风。

3 钢筋加工场采用封闭式管理,材料堆放区、成品区、作业区等功能区应分开或隔离。

1)钢筋加工场地面应做硬化处理并做好排水。场内地面必须采用不小于15cm厚的片、碎石垫层,不小于15cm厚(场地内的道路不小于20cm厚)的C20混凝土进行硬化处理。地面应根据不同功能分区涂刷标线和耐磨地面漆。地面处理如图3.3.2-1所示。

图3.3.2-1 地面处理

2)钢筋加工场内应按照其使用功能分为原材料堆放区、钢筋下料区、加工制作区、半成品堆放区、废料区、休息区等,在合适位置宜设置安全检查通道。钢筋加工场功能区如图3.3.2-2所示。

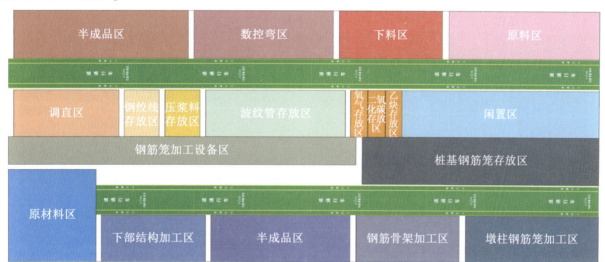

a)钢筋加工场各功能区示意图

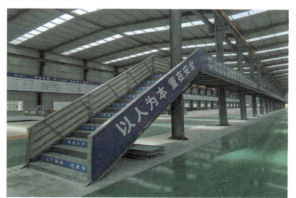

b)休息区　　　　　　　　　c)安全检查通道

图3.3.2-2 钢筋加工场功能区

3)场地硬化按照四周低、中心高的原则进行,面层排水坡度不应小于1.5%,场地四周应设置排水沟。

4)钢筋场内电线应遵循无线化原则,电线应预埋至地面内或沿墙体布设,地面或墙体应预留接口,便于开关箱、配电箱等设备连接。钢筋加工场临时用电布设如图3.3.2-3所示。

图3.3.2-3 钢筋加工场临时用电布设

4 钢筋加工场内钢筋原材料及成品、半成品应垫高堆放,离地20cm以上,下部支点应采用工字钢,以保证钢筋不变形为原则。宜采用定型钢架分类堆放钢筋原材料及成品、半成品,以及其他配件、保护层垫块、工具等,并进行超市化管理,便于堆放和取用。钢筋原材料及成品、半成品堆放如图3.3.2-4所示。其他配件、保护层垫块和工具存放分别如图3.3.2-5和图3.3.2-6所示。

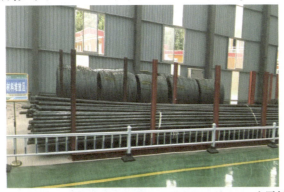

a) 原材料堆放

b) 成品、半成品堆放

图3.3.2-4 钢筋原材料及成品、半成品堆放

图 3.3.2-5　其他配件、保护层垫块存放

5　废料应统一堆放,统一处理,如图 3.3.2-7 所示。

图 3.3.2-6　工具存放　　　　　　　　图 3.3.2-7　废料回收堆放

3.3.3　标识标牌应满足以下要求:

1　原材料存放区、加工区、成品区应严格按照规定对现场材料进行标识,标识内容应包括材料名称、产地、规格型号、生产日期、出产批号、进场日期、检验状态、进场数量、使用单位等,并根据不同的检验状态和结果采用统一的材料标识牌进行标识。

2　场内醒目位置应设置工程公示牌、施工平面布置图、安全生产牌、消防保卫牌、管理人员名单及监督电话牌、文明施工牌等明示标识,如图 3.3.3-1 所示。场内各作业区应设置分区标识牌。

3　焊接、切割场所应设置禁止标识、警告标识。安全通道应设置禁止标识。使用氧气、乙炔等易燃易爆场所应设置禁止标识和明示标识。加工场出入口和场内应设置禁止标识和警告标识。用电场所应设置警告标识。易发生火灾场所应设置警告标识。消防器材放置场所应设置提示标识。

4　机械设备应悬挂机械操作安全规定或安全操作规程公示牌和机械设备标识牌,如图 3.3.3-2 所示。

5　各种原材料、半成品或成品应按其检验状态与结果、使用部位等进行标识。

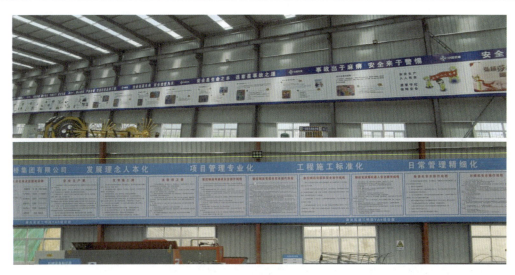

图 3.3.3-1 钢筋场内标识标牌

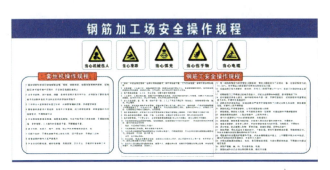 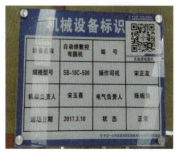

图 3.3.3-2 安全操作规程公示牌和机械设备标识牌

6 在加工制作区应悬挂各型号钢筋的大样设计图,标明尺寸、部位,确保下料及加工准确。可采用触摸显示屏,存入钢筋大样图,方便查阅。钢筋大样图如图 3.3.3-3 所示。

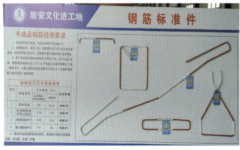 

图 3.3.3-3 钢筋大样图

7 钢筋加工场管理人员和作业人员应统一制服、挂牌上岗。

3.3.4 机械设备应满足以下要求：

1 进场机械设备必须能满足工程质量和施工进度要求；安装调试简便，容易操作、维修方便，可靠性高，安全性能好；对环境不会造成污染和破坏，如油、声污染。

2 钢筋加工场必须配备桁吊，不得使用门式起重机，并能满足钢筋加工场内各功能区之间的钢筋转运要求。配备桁吊必须考虑施工现场最大单次起吊重量，桁吊设备操作人员要经培训持证上岗。吊装设备须经有关部门检验并出具合格证书后方能使用。桁吊如图3.3.4-1所示。

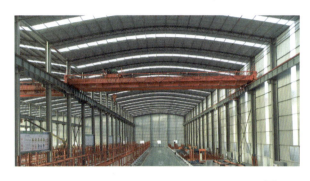 

图3.3.4-1 桁吊

3 钢筋加工场配备的机械设备应满足表3.3.4的要求，保证工程所需各种钢筋均由数控加工成型，严禁人工或简易设备加工钢筋。宜采用先进智能化的流水线一体化自动加工设备。钢筋加工场机械设备如图3.3.4-2所示。

表3.3.4 钢筋加工场机械设备要求

工程类别	加工设备名称	配备要求	数量
桥梁工程	数控弯曲机	应	≥1台
	钢筋上料、剪切、弯曲流水线智能生产线	宜	1套
	数控弯箍机	应	≥1台
	钢筋笼滚焊机	应	1台
	智能盖梁骨架片焊接机器人	宜	1台
	钢筋镦粗车丝智能加工一体机	应	1台
	焊接机械臂	宜	根据实际情况配备
	加劲箍筋自动弯曲焊接机	宜	1台
	钢筋头自动切割机	应	1台
	钢筋二氧化碳气体保护焊机	应	根据实际情况配备
隧道工程	钢拱架数控冷弯机	应	1台
	钢拱架连接钢板等离子自动切割冲孔机	应	1台
	钢筋网片自动焊接机	应	1台
	小导管自动加工机	应	1台

a) 钢筋上料、剪切、弯曲流水线智能生产线

b) 数控弯箍机

c) 钢筋笼滚焊机

d) 钢筋镦粗车丝智能加工一体机

e) 加劲箍筋自动弯曲焊接机

f) 钢筋自动调直切断机

g) 智能盖梁骨架片焊接机器人

h) 钢拱架连接钢板等离子自动切割冲孔机

图 3.3.4-2

3 场站建设

i) 钢筋网片自动焊接机

j) 小导管自动加工机

图 3.3.4-2 钢筋加工场机械设备

4 严格遵守持证上岗制度，机械操作人员必须熟悉本机的构造、性能及保养规程，熟练掌握机械设备的操作规程。

5 作业前应按设备的操作规程进行检查，作业中严格遵守劳动纪律，严格执行相应操作规程和有关的安全规章制度，并做好设备使用、维护、保养记录。

3.3.5 信息化管理应满足以下要求：

1 钢筋加工场建设完成后应及时布设 10M 独立光纤用于远程监控系统，在钢筋加工场内应设置远程视频监控探头，并确保能 24h 监控，并接入福建省高速公路建设监管一体化平台。

2 宜设置钢筋生产调度室，采用信息化专人管理，宜通过钢筋加工生产管理对钢筋加工的全过程进行控制和调度，如图 3.3.5-1 所示。钢筋进出场必须严格执行登记制，原材料检验合格后由施工单位、监理单位共同确认后登记入场，钢筋加工成品或半成品出场由施工单位、监理单位检查合格后确认登记出场，做到钢筋进出场有据可查，防止中途调换或以次充好。

图 3.3.5-1 钢筋加工生产管理系统

3 宜使用信息查询二维码，在储存区、加工区、成品区分别设置对应二维码，并定期更新相关材料的进场日期、抽检日期、领用日期、加工日期、用途及相关责任人等信息，如图 3.3.5-2 所示。

图 3.3.5-2　二维码

3.3.6　钢筋加工场应满足以下安全环保要求：

1　场内各功能区必须在明显位置设置防火设施。场内灭火器不少于 10 个，至少设置一个消防池。

2　场内施工用电应规范管理，各作业区用电回路分开设置，加设断路器和漏电保护器。照明设施应加设网罩防护。

3　各种机械加工设备必须经有关部门检查验收合格后方可使用，并且做好验收合格记录，以备检查。特种设备的使用、安装、拆除及取证应符合相关法律、规范等要求。

1）金属加工工作台、加工设备、卷扬机等应固定牢靠，防止受力时位移和倾覆，并定期进行检查。

2）起吊钢筋时，下方禁止站人，必须待钢筋降落到地面 1m 以内方准靠近，就位支撑好方可摘钩。

3）所有钢筋切割均应采用机械切割，严禁人工断料。切断小于 30cm 的短钢筋，应固定夹牢，禁止用手把挟，并在外侧设置防护箱笼罩。

4）钢筋焊接时，有可靠的接地装置，导线绝缘良好。焊接操作时应佩戴防护用品。

4　各种气瓶应储存在专用仓库，并有标准色，气瓶间距不小于 5m，距明火不小于 10m 且采取隔离措施。气瓶使用或存放应符合有关要求，应有防震圈和防护帽。气瓶应设置专用推车，方便移动和搬运。气瓶存放及使用如图 3.3.6 所示。

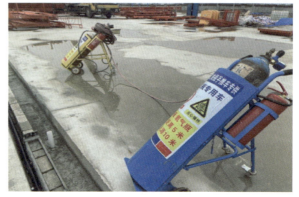

图 3.3.6　气瓶存放及使用

5 机械设备产生的废水、废油及生活污水不得直接排入河流、湖泊或其他水域中,也不得排入饮用水源附近的土地中。

6 加工剩余的短小材料或废料应合理回收,充分利用,不得倾倒。

7 应安排专人定期进行钢筋加工场的清理和打扫,保持场内卫生,可使用专用清扫车进行清扫。

3.4 梁片预制场

3.4.1 梁片预制场建设应满足以下基本要求:

1 常规梁片预制场设置应满足以下要求:

1)每个路基土建合同段原则只设置一座常规梁片预制场。常规梁片预制场如图3.4.1-1所示。

图 3.4.1-1 常规梁片预制场

2)对于山区高速公路,若因为预制场地、运输通道等客观条件所限,预制场规划的预制梁片数量达不到"不少于300片"要求的,经监理单位和建设单位批准,可考虑相邻标段合并预制或委托相邻标段进行预制。若确因客观原因无法委托相邻标段预制的,由施工单位提出书面申请,经监理单位及建设单位审批同意后方可增设或适当降低占地面积。

2 智能梁片预制场设置应满足以下要求:

1)建设单位应结合项目实际情况对项目全线梁片预制场的设置进行总体规划,每个项目至少设置一座智能梁片预制场(独立互通、预制梁片较少的项目可不设置)。宜设置独立的梁片预制标段,负责项目全线的梁片预制和安装。梁片预制场承担的预制梁片超过600片的(2种梁型),原则上应采用智能梁片预制场。智能梁片预制场如图3.4.1-2所示。

2)智能梁片预制场规划应遵循生产工厂化、工序标准化、作业少人化、质控智能化的原则,实现有序、高效、安全、优质的构件生产要求。应采用"施工区域固定,施工工序循环"的流水线生产模式,并通过信息化手段进行智能管控。

3)与智能梁片预制场配套的钢筋加工场、混凝土拌和站等应与智能预制场集中设置,减少临时用地占用和缩短材料运距,便于工序衔接和流水线生产。

图 3.4.1-2　智能梁片预制场

4)智能梁片预制场生产线应采用"自行式移动台座+智能同步液压模板+混凝土自动浇筑振捣+智能蒸汽养护+预应力智能张拉压浆"的模式。每个智能预制场生产线的数量应根据总施工工期进行规划,原则上每条生产线的产能应满足 1 片/天,如图 3.4.1-3 所示。

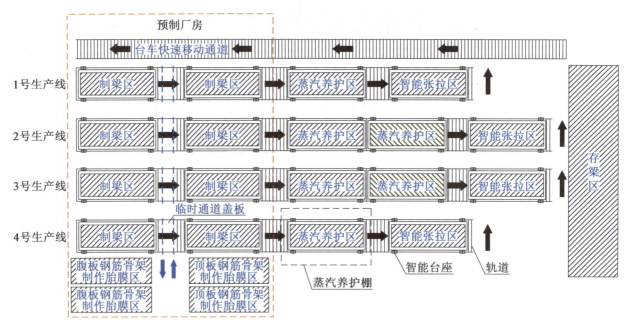

图 3.4.1-3　智能梁片预制场生产线示意图

5)钢筋加工场、拌和站与智能梁片预制场集中设置的,场区规划及厂房建设应充分考虑半成品钢筋、混凝土与智能预制场之间的转运方式,半成品钢筋可采用在钢筋加工场与智能预制场之间布设轨道+自动运送车的方式。混凝土应采用自动接料车(鱼雷罐)的方式输送。

3　梁片预制场选址以方便、合理、安全、经济及满足工期为原则,结合施工合同段所属预制梁板的尺寸、数量、架设要求以及运输条件等情况进行综合选址。设在主线征地范围内的预制场,不宜选择在高填深挖或不良地质段落。智能梁片预制场不宜设在主线路基范围内,若确实存在临时用地租用困难等情况需要将智能梁片预制场设于主线路基范围内的,应报项目建设单位审批。

4 梁片预制场选址与布置应经过多方案比选,合理划分办公生活区、制梁区、存梁区、构件加工区域等,宜设置标准件或样品展示区,如图 3.4.1-4 所示。预制场建设应与桥梁下部结构施工同步启动,避免出现"梁等墩"及"墩等梁"现象。

图 3.4.1-4 标准件展示区

5 梁片预制场应封闭式管理,场地内应按办公区、生活区、构件加工区、制梁区和存梁区、废料处理区等科学合理设置,功能明确,标识清晰。生活区应与其他区隔开,生活用房按照本指南第 2 章相关标准建设。

6 梁片预制场应不受塌方、落石、滑坡、洪涝等灾害的影响;具备便利的交通条件和通电、通水、通信条件;周围无污染源;尽量避开居民区,如避不开的应采取防尘、防噪等环保措施,降低预制生产对周边居民生活及交通出行的影响。

7 梁片预制场设置在路基填方区的,应严格控制路基填筑质量,并做好定期沉降观测。梁片预制场利用桥台后的挖方路基时,路堑边坡的防护及排水设施应提前完成。

8 梁片预制场建设验收见本指南表 A-3。验收合格后开展生产调试,由监理单位组织开展预制梁片首件分析,对预制梁片生产全过程和预制梁片存在的问题进行分析研究,提出整改和完善措施,整改完善后方可开展大规模生产。

3.4.2 场地建设应满足以下要求:

1 场地面积应根据预制梁片的数量、工期等要求设置,不低于表 3.4.2 的规定。

表 3.4.2 梁片预制场面积要求

序号	项目类型	梁片预制场占地面积(m^2)	备注
1	一般路基土建项目	≥6000	
2	主要工程为隧道的路基土建项目	≥4000	或经建设单位批准合并到相邻合同段
3	主要工程为桥梁的路基土建项目	≥8000	
4	建设智能梁片预制场的路基土建项目	不限定	在保证各流水作业区之间相互隔离、合理衔接,满足流水线生产要求的前提下,合理规划各功能区面积和总占地面积

2 梁片预制场布置应符合工厂化生产的要求,道路和排水畅通,场地外侧四周采用牢固、安全的通透式围栏。

3 梁片预制场的所有场地必须采用不小于15cm厚的片、碎石垫层,不小于10cm厚的C15混凝土进行硬化处理;预制场的行车道路必须采用不小于15cm厚的片、碎石垫层,不小于20cm厚的C20混凝土进行硬化处理。智能预制场内自行式台座行走区域内地面基础应进行加强,防止下沉。

4 场地硬化按照四周低、中心高的原则进行,面层排水坡度不应小于1.5%,场地四周应设置排水沟,排水沟底面采用M7.5砂浆进行抹面,做到雨天场地不积水、不泥泞,晴天不扬尘。

5 办公区、生产区、操作工的生活区等,要做到区域功能分明,办公生活区建设可参考项目部办公生活区建设。

6 梁片预制场内水、电(强电、弱电)、网络管道布设应做好预先规划和专项设计,遵循无线化原则,预埋至地下或上墙(厂房内),根据分区规划、生产需要和信息化管理要求做好接头的预留预埋,并便于维修更换,严禁在梁片预制场内乱搭电线、水管和随意增加配电箱等。梁片预制场水电布设如图3.4.2-1所示。

图 3.4.2-1 梁片预制场水电布设

7 智能梁片预制场应采用全封闭式、装配式钢结构厂房,实现全天候生产。除蒸汽养护、预应力张拉压浆、检测、预制梁片存放外,其余各生产环节均应在厂房内完成。智能梁片预制场厂房如图3.4.2-2所示。

图 3.4.2-2 智能梁片预制场厂房

8 常规梁片预制场应设置固定或移动钢结构厂棚,全天候施工。厂房或厂棚应充分考虑台风、暴雨等极端天气的影响,安全、牢固,并做好通风、照明、降温和防火措施,以改善施工人员生产环境。常规梁片预制场厂棚如图3.4.2-3所示。

图 3.4.2-3 常规梁片预制场厂棚

9 常规预制梁的台座设置应满足以下要求:

1)台座强度应满足张拉要求,台座尽量设置于地质较好的地基上;对软土地基的台座基础应进行加强;台座与施工主便道应有足够的安全距离。台座可采用混凝土或钢结构。台座如图3.4.2-4所示。

图 3.4.2-4 台座

2)预制场设置在填方路堤或线外填方场地时,为防止产生不均匀沉降变形而影响预制的质量,应对场地分层碾压密实,并对台座基础进行加固,尤其台座两端应用 C20 以上的片石混凝土扩大基础进行加固,以满足梁板张拉起拱后基础两端的承载力要求。同时应在台座上设置沉降观测点进行监控。存梁区台座应视基地的承载力情况适当配筋。

3)台座应满足不同长度梁片的生产,底模应采用复合式不锈钢板,不得采用混凝土底模,钢板厚度应为 6~8mm,并确保钢板平整、光滑,及时涂脱模剂,防止吊装梁体时,由于黏结而造成底模"蜂窝""麻面"。底模钢板应采取措施防止变形。

4)预制台座、存梁台座间距应大于 2 倍模板宽度,以便吊装模板。预制台座与存梁台座数量应根据梁板数量和工期要求来确定,并要有一定的富余度。

5)存梁区台座混凝土强度等级不低于 C20,用于存梁的枕梁可设在离梁两端面各 50~80cm 处,且不影响梁片吊装的位置。支垫材质必须采用承载力足够的非刚性材料,且不污染梁底。

6）在使用过程中，监理和施工单位应定期对台座进行复测检查，非不良地基区域的台座每3个月复测1次，不良地基区域的台座每月应复测1次，并建立观测数据档案，分析台座沉降情况，发现异常应及时处理。

7）预制场内应至少设置一处梁片出坑检查台座，宜采用钢筋混凝土结构，高出地面80cm，并保留足够的整修操作空间。梁板预制完成后，应先将梁片放置在检查台座上进行外观检查，外观检查合格后方可移入存梁区。检查台座如图3.4.2-5所示。

图3.4.2-5 梁片出坑检查台座

10 智能梁片预制场台座设置应满足以下要求：

1）应采用自行式台座串联全部施工工序。自行式台座行走区域内地面基础应进行加强，防止下沉。台座应满足构件自重及各施工阶段临时辅助施工荷载作用时结构受力要求，且需承受高温蒸汽养护环境下结构的温度荷载。台座数量按每条生产线不少于2个进行配备。

2）自行式台座宜采用型钢制作。为提高台座利用率，台座可根据所生产的各类型构件尺寸、重量进行设计，方便进行改装，能适应不同尺寸、重量的构件。台座顶面若作为底模，钢板厚度不宜小于6mm，宜采用不锈钢板。自行式台座如图3.4.2-6所示。

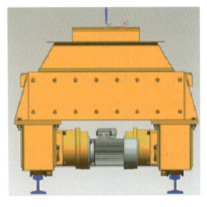

图3.4.2-6 自行式台座

3）用于梁片生产的自行式台座，应设置施工预拱度。台座两侧应结合梁片尺寸设置横隔板底部支撑装置，如图3.4.2-7所示。

4)自行式移动台座应采用变频电动机,能自动行走,减小台座启动时对预制梁片的振动。可对台座进行升级改造,通过智能管控系统控制台座移动,并实时跟踪台座的位置和所处的生产状态(如钢筋骨架安装、模板安装、混凝土浇筑、养护等)。台座移动速度应控制在5m/min之内。

5)自行式台座行走轨道平整度应严格控制在5mm之内,轨道接缝应保证平顺,如图3.4.2-8所示。预制场平面规划和生产线布设时,应考虑移动台座的周转轨道。

图3.4.2-7 横隔板底撑

图3.4.2-8 行走轨道

6)预制场内检查台座参照本条第9款要求。场内应选择一处不影响生产的位置设置一座平台,高度不低于预制梁顶面,便于对厂房内的生产全过程进行监督和指挥调度。

7)存放台座参照本条第9款要求。

3.4.3 标识标牌应满足以下要求:

1 预制场内醒目位置应设置工程公示牌、平面布置图、安全生产牌、消防保卫牌、管理人员名单及监督电话牌、文明施工牌等明示标识。

2 预制场内应按照"三表"(桥梁下部信息统计汇总表、T梁预制信息统计汇总表、T梁伸缩缝端翼板调整表)的有关要求制作标牌,设置在预制场生产区的醒目位置,以指导施工。每片梁应设置梁片信息卡,内容包括桥名、梁号、梁长、预埋钢板尺寸、纵坡和横坡等。"三表一卡"如图3.4.3-1所示。

a) 桥梁下部信息统计汇总表

b) T梁预制信息统计汇总表

图 3.4.3-1

c) T梁伸缩缝端翼板调整表　　　　　　　d) 梁片信息卡

图 3.4.3-1　"三表一卡"

3　吊装作业区、安全通道应设置禁止标识；预制场的制梁区、存梁区、构件加工区等各生产区域应设置明示标识。

4　钢筋绑扎区在明显位置应设置标识牌。胎膜台座上应张贴波纹管定位标识标牌，如图 3.4.3-2 所示。

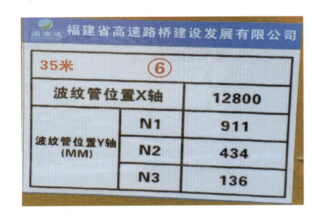 

图 3.4.3-2　波纹管定位标识牌

5　正在使用的机械设备应在醒目位置悬挂机械操作安全规定公示牌（即安全操作规程），易发生机械伤害的场所、施工现场出入口应设置禁止和警示标识。

3.4.4　机械设备应满足以下要求：

1　大型机械施工现场必须严格执行一机一人专职防护，做到"五个一"即：一机、一人（专职防护）、一本（机械施工日志）、一牌（设备标识牌）、一证（机械操作证）。严格遵守持证上岗制度，机械操作人员必须熟悉本机的构造、性能及保养规程，熟练掌握机械设备的操作规程。

2　常规梁片预制场机械设备应满足以下要求：

1）进场机械设备必须能满足工程质量和施工进度要求，并符合表 3.4.4 的要求，预制梁模板如图 3.4.4-1 所示；安装调试简便，容易操作、维修方便，可靠性高，安全性能好；对环境不会造成污染和破坏，如油、声污染。

表 3.4.4 常规梁片预制场设备配备要求

序号	内容	要求
1	钢筋半成品、锚具、支座等存料棚	至少一座
2	台座	应与预制时间相匹配,按1.5片/(座·月)控制。至少设置一处梁片出坑检查台座
3	吊装设备	满足起吊吨位需要,至少2台
4	模板数量	按照台座数量的1/(4~6)匹配;横隔板应采用独立支撑底模,数量应满足高峰施工要求
5	自动喷淋养护设施	每个台座均应设置自动喷淋养护设施,确保梁片的顶部、侧面、端头均能自动喷淋养护,没有死角
6	必备的施工辅助设施	横隔板钢筋定位架、梁肋骨架定位架、横隔板底模支撑架等
7	张拉压浆设备	应使用智能张拉压浆设备,数据应实时上传至福建省高速公路建设监管一体化平台。数量满足施工需要
8	其他施工设备	满足施工需要

图 3.4.4-1 预制梁模板

2)常规梁片预制场模板应严格按照设计图纸进行加工制作,模板加工应在专业工厂内完成,严禁在施工现场自行加工。制作完成后应进行试拼,检查拼缝平整度、结构尺寸、焊缝质量等指标,对不合格处应进行整修,成品经检验合格后方可使用。常规梁片预制场模板具体要求见"桥梁工程"分册相关章节。

3)应配备梁板钢筋骨架安装胎膜,并安装牢固。胎膜应根据梁片设计图纸进行专项设计,设置必要的辅助式卡具,定位准确,符合钢筋安装精度要求,便于工人安装,且有足够的刚度,防止长期使用变形。胎膜宜采用型钢及钢板焊接组装而成,其结构应满足钢筋安装需要的刚度及稳定性,直接支承钢筋的角钢及钢板上应预留钢筋定位凹槽。胎膜安装完成后应由监理进行验收,合格后方可使用。宜使用钢筋骨架智能安装设备。钢筋骨架安装胎膜如图 3.4.4-2 所示。

4)必须根据梁片养护时间及台座数量设置足够的梁体养护用的自动喷淋设施,宜采用智能控制系统对养护时间进行控制。喷淋水压加压泵应能保证提供足够的水压,确保梁片的每个部位均能养护到位,尤其是翼缘板底面及横隔板部位。养护用水需进行过滤,避免出现喷嘴堵塞现象,并将管道埋入地下。自动喷淋养护如图3.4.4-3所示。

a) T梁肋板钢筋安装胎膜　　　　　　b) 箱梁腹板钢筋安装胎膜

c) 顶板钢筋安装胎膜　　　d) 波纹管定位架　　e) 负弯矩齿板钢筋安装胎膜

图3.4.4-2　钢筋骨架安装胎膜

图3.4.4-3　自动喷淋养护

5) 受场地面积和台座数量限制的梁片预制场宜采用移动式的蒸汽养护室,移动式蒸汽养护室的设置参照本条相关要求。

3 智能梁片预制场的自行式台座、钢筋骨架安装胎膜、智能张拉压浆设备应满足本指南第3.4.2条及本条相关要求。

4 智能梁片预制场的模板应满足以下要求：

1）模板应成套配置，其刚度、强度、稳定性应满足模板整体横移要求，能依靠模板本身结构刚度抵抗混凝土挤推产生的压力。

2）侧模应采用智能同步液压模板安装拆除系统。智能液压模板如图3.4.4-4所示。

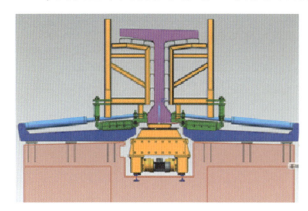 

图3.4.4-4 智能液压模板

3）端头模板、箱梁内膜宜采用智能液压模板进行安装拆除。模板节段之间、模板与台座之间应采取可靠的止浆措施防止漏浆。

4）智能液压模板应能满足各种构件尺寸要求，模板可根据不同型号梁片进行更换，且可进行各方向和一定角度的调节，满足横坡、长度、高度等自动化调节的要求，实现精准预制。

5）横隔板底模应独立设置，并与台座两侧支撑装置连接，保证梁片拆模后仍能对横隔板起到支撑作用。

6）模板两侧顶部应设置安全可靠的施工平台，便于施工和管理人员使用。

5 智能梁片预制场的混凝土浇筑振捣设备应满足以下要求：

1）应采用自动布料系统实现混凝土自动送料、布料。自动布料机系统包括桁车行走轨道、布料斗、称重装置、升降机构、液压系统和电气控制系统等，实现混凝土的一键布料，并精准控制布料量。自动布料系统如图3.4.4-5所示。

a）轨道式布料机　　　　　　　　　b）门式布料机

图3.4.4-5 自动布料系统

2）梁片腹板应采用自动振捣系统，梁片顶板宜采用自动振捣系统，对浇筑及振捣过程进行数字化控制。振捣系统如图3.4.4-6所示。

图3.4.4-6　振捣系统

3）厂房建设时，应结合生产线布设和厂房布局预留安装布料机行走轨道空间。

4）混凝土拌和站与智能预制场集中建设的，应采用鱼雷罐将搅拌好的混凝土送入自动布料机中的方式。自动布料机接料后，将混凝土输送到浇筑点。鱼雷罐如图3.4.4-7所示。

图3.4.4-7　鱼雷罐

6　智能梁片预制场的蒸汽养护室应满足以下要求：

1）根据实际生产需要配备足够数量的蒸汽养护室，应采用电、燃气或生物燃料，严禁采用燃煤锅炉。可综合考虑太阳能板等设备发电来满足蒸养用电需求，也可将各蒸汽养护室之间用保温管道联通并设置阀门，实现蒸汽在各蒸汽养护室之间流通，节约资源，降低成本。蒸汽养护室外观及蒸汽锅炉如图3.4.4-8所示。

2）蒸汽养护室宜由保温隔热材料制作，可采用砖砌与保温材料结合的方式。蒸汽养护室尺寸大小应依据构件截面尺寸各向增大0.5m，并尽量减小蒸汽养护室内空间，降低蒸汽养护能耗。蒸汽养护室应密闭不透风，使用前应进行密闭性测试，确保温度、湿度控制符合要求。

3）蒸汽养护管道宜设置在梁片底部范围内，管道开设密集型蒸汽出孔，保证预制梁体能持续充分接触到适宜温度的蒸汽。蒸养室内宜设置雾化水管，在降温阶段开启，保证梁体湿润。蒸汽养护室内管道及其结构示意图如图3.4.4-9所示。

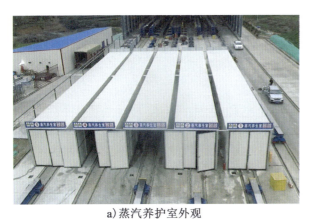
a）蒸汽养护室外观

b）使用环保燃料的蒸汽锅炉

图 3.4.4-8　蒸汽养护室外观及蒸汽锅炉

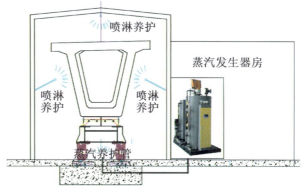

图 3.4.4-9　蒸汽养护室内管道及其结构示意图

4）梁片混凝土浇筑完成后，应及时覆盖保温保湿静养，达到脱模强度才能拆除模板，静养时间不宜小于 8h。蒸汽养护前，梁体温度与蒸养室内温差不应大于 15℃。

5）梁体养护应制定科学合理的蒸汽养护制度，分级升温、恒温和分级降温应符合相关规定，其中升温、降温速度不应大于 10℃/h；恒温温度宜控制在 50～65℃ 范围内，且必须保证梁片核心混凝土温度不超过 70℃。相对湿度应控制在 95%～100% 之间。蒸养设备应采用自动控制系统，蒸养室升温、恒温、降温应能自动控制。蒸养自动控制系统如图 3.4.4-10 所示。

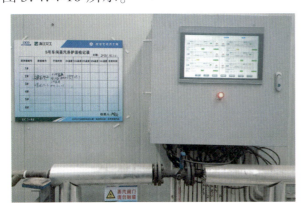

图 3.4.4-10　蒸养自动控制系统

6）恒温养护时间应根据首件批准的恒温养护时间并结合构件拆模强度、混凝土配合比及环境条件等确定，不宜超过15h。相对于T梁，箱梁恒温时间应适当延长。梁片同条件蒸汽养护混凝土试块的抗压强度和弹性模量达到张拉标准后开始降温。构件移出蒸养室时，外界与构件表面温差不应大于10℃。

7）蒸养室内温度、湿度应采用多点测温、多点升温和降温的控温技术，使用智能控制系统控制。智能蒸汽发生器应具备自动控制和显示蒸养室温、湿度的同时辅助配置独立的温、湿度传感器来校对蒸养设备仪表的准确性，并进行实时监测。蒸养室内实时监测数据可直接远程传输至控制终端进行及时调整和存储。

8）生产过程应加强防护，避免蒸养室破损，若发现破损应及时进行修补。

7　起重设备应满足以下要求：

1）预制场内应设置起重设备（如门式起重机），便于预制梁（板）模板的安装拆卸、存梁堆码以及浇筑混凝土的调运。起重设备应进行专业安检。

2）对组装好的门式起重机，在使用前必须进行满载试吊，运梁轨道和龙门轨道在使用前应进行试运行，满足要求后方可正式使用。

3）门式起重机电缆线应采用接触式滑线，滑触线安装高度应在2m以上，以免地面人员或其他动物接触到滑触线，造成人员受伤。接触式滑线门式起重机如图3.4.4-11所示。

a）接触式滑线　　　　　　　　　b）夹轨器

图3.4.4-11　接触式滑线门式起重机

4）门式起重机应配备声光警报器，行走时警报器应自动开启，轨道上严禁站人或堆放杂物。门式起重机未使用时应放下夹轨器与轨道固定。

8　张拉压浆设备应满足以下要求：

1）所有梁片预制场必须使用预应力智能张拉压浆设备，每个预制场应至少配备一套智能张拉压浆设备，每个预制场的预应力智能张拉压浆设备应采用同一厂家的产品，且设备品牌和型号应相同。智能张拉压浆设备如图3.4.4-12所示。

2）智能张拉压浆设备在预制梁开始施工前应进场组织标定并调试完成。张拉压浆具体要求详见"桥梁工程"分册。

图 3.4.4-12　智能张拉压浆设备

9　鼓励采用先进、高效、安全、能降低劳动强度、提高质量的机械设备,如钢绞线自动穿索机、钢筋骨架自动安装机等。T 梁一体化钢筋安装智能设备如图 3.4.4-13 所示。

 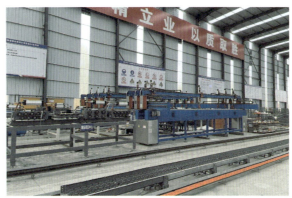

图 3.4.4-13　T 梁一体化钢筋安装智能设备

3.4.5　信息化管理应满足以下要求:

1　梁片预制场建设完成后,应及时布设 10M 以上的独立光纤用于远程监控系统,确保能实时上传监控视频。

2　应采用信息查询二维码,将梁片生产过程中的生产时间、原材料信息、施工人员、责任人、成品质量、梁片去向等信息录入,并粘贴于车流前进方向腹板端部,方便查询。

3　常规预制场梁片自动喷淋设施应进行信息化管控,可通过现场控制系统或手机 App 设置每个台座喷淋设施的自动启动、停止和运行时间等,并实时监控运行状态。

4　智能梁片预制场应采用智能管理系统,对梁场生产计划、施工、工序、人员、材料、机器、质量安全管理等方面实现信息化管理,对混凝土浇筑、振捣、模板、台座移动、蒸养过程、张拉压浆、质量检测等进行智能化管控,如图 3.4.5-1 所示。

图 3.4.5-1　智能梁片预制场智能管控

1）应在预制场合适位置设置一处管控中心，对预制场生产的全过程进行智能化管控，配备相应的大型显示屏、计算机、操控台等设备，将采集的各类生产动态数据进行融合与分析，与数字孪生模型进行融合展示，直观了解智能预制场的各类实时状态、任务进展、绩效、安全、质量、环境能耗等各类信息，实时掌握梁片生产情况。

2）应根据智能预制场的生产能力、生产计划对生产任务进行编排和调整，倒推出所需要的各种原材料供应计划，指导相关原材料的采购和生产。应对生产数据进行统计，汇总统计展示梁片的历史生产情况、展示梁片生产进度等信息。

3）智能预制场流水线上的各设备宜通过管控系统进行控制或实时监测生产状态，包括但不限于混凝土搅拌站、钢筋数控加工、钢筋绑扎与焊接、自行式台车、液压模板、混凝土布料机、混凝土振捣、蒸汽养护、智能张拉和压浆等。

4）梁片的工前及工后质量检测宜采用先进的自动检测、数据实时上传的检测设备，如图 3.4.5-2 所示。宜对梁片的混凝土强度、长度、宽度、高度、断面尺寸、起拱度及钢筋间距、保护层厚度等各项质量指标进行自动化检测，并将结果实时上传至监管一体化平台。当质量控制参数超出阈值范围，或者成品质量偏差超过预设目标范围或质量变化异常时，应及时发出预警，提示分析原因和处置。

图 3.4.5-2　梁片质量自动检测

5）宜对智能预制场大型机械设备、大型结构物、易燃易爆区域设备及环境的关键参数进行监测，并设置相应安全预案，一旦监测到设备危险故障及火灾等，及时发布安全预警。

6）宜在智能预制场进出口设置生物特征识别门禁系统，在场内危险区域设置 AI（人工智能）识别系统，对人员异常闯入进行预警，通过采用智能安全帽或其他安全帽智能识别技术对人员安全防护进行监管。

7）宜对设备的能耗、噪声、粉尘、排水水质、运输车辆消毒清洗情况进行自动化监测，并对超标的参数进行预警。

8）宜采用数字孪生、BIM（建筑信息模型）数据可视化等技术，对智能预制场各组成结构、机器设备构建数字化孪生模型。

9）应在预制场内的关键区域如蒸养室、生产区等悬挂显示屏，显示生产过程的关键信息。信息显示屏如图 3.4.5-3 所示。

图 3.4.5-3　信息显示屏

3.4.6 梁片预制场应满足以下安全环保要求：

1 施工现场安装、拆装大型施工机械时，必须由具有相应资质的单位承担，施工单位负责人、安质部长、安全（设备）主管工程师到场把关。转场时，应有"专项方案、专项检测、专项见证、专项放行、专项检查"，技术负责人、领工员、安全员、技术员及监理员要现场把关。大型施工机械夜间不得安排转场、移机，大型施工机械作业时现场必须有领工员、安全员、技术员、监理员等有关人员把关。门式起重机、架桥机、塔式起重机必须经有关技术监督部门检验合格后方可投入使用。

2 机械作业人员进入施工现场作业前，应按设备操作规程进行检查，作业中严格遵守劳动纪律，不得酒后上岗或连续疲劳作业，应严格执行操作规程和相关安全规章制度，并做好设备使用、维护、保养记录。

3　吊装作业区应进行封闭,设置安全警告标语牌,作业场所应有安全执勤人员负责看守,严禁非工作人员进入,所有人员均不得在起吊和运行的吊物下站立。

4　张拉台座两端应设置指令标识,并设置钢板防护,确保张拉操作时人员安全。梁片模板顶端两侧应设置工作平台及防护栏杆。预制场内应配备上下安全爬梯,便于梁片施工和检查,如图3.4.6-1所示。

a) 张拉安全防护

b) 安全爬梯

c) 工作平台及防护栏杆

图3.4.6-1　预制场安全防护

5　变压器设置的安全距离要符合相关规范规定,所有的电气设备按安全生产的要求进行标准化安装。

6 预制场施工用水应满足水质和水量要求,预制场的蓄水池应确保施工用水充足。

7 预制场出入口宜设置洗车台(池),防止运送材料车辆、混凝土罐车等将泥土带进场内。场内应设置沉淀池,施工污水应先汇入沉淀池处理达标后方能排放。

8 生产、生活营地的消防、安全设施应齐全到位,并做好临时雨水、污水排放以及垃圾处理,以防止污染环境。

9 梁片存放支点宜在支座位置或设计规定的范围,支点应用枕木或硬木,2层堆放应计算垫木的承载力在容许应力范围;梁两端两侧应设置斜撑支撑,斜撑应设于翼板根部,或使用特制的钢支撑架。T梁、小箱梁堆放高度不得超过两层,空心板不得超过3层,如图3.4.6-2所示。

图 3.4.6-2 梁片支撑及存放

3.5 小型构件预制场

3.5.1 小型构件预制场建设应满足以下基本要求:

1 路基排水工程的水沟盖板、防护工程的各种类型预制块、隧道排水工程盖板、路面缝隙式排水沟、防撞护栏及其他设计要求的小型构件必须集中预制。

2 小型构件预制场选址与布置应经过多方案比选,功能区规划合理,结合拌和站或梁片预制场综合设置，严格按照招投标承诺的有关要求进行建设。小型构件预制场如图3.5.1-1所示。

图3.5.1-1 小型构件预制场

3 对混凝土用量超过20000m³的小型构件预制场，宜采用室内工厂化、自动化、智能化流水线生产模式，将钢筋绑扎入模、混凝土拌和及运输、浇筑、振捣、蒸汽养护、构件调运、模板清理等程序串联起来。智能小型构件预制场如图3.5.1-2所示。

图3.5.1-2 智能小型构件预制场

4 规划方案经监理工程师审批同意后才能进行预制场建设，并报建设单位备案。小型构件预制场建设验收见本指南表A-4。

5 小型构件预制场由项目部直接进行建设及管理，不得分包、转包给其他单位或个人。

6 小型构件预制场利用桥台后的挖方路基时，路堑边坡的防护及排水设施应提前完成。

3.5.2 场地建设应满足以下要求：

1 小型构件预制场的占地面积不少于2000m²。

2 应根据小型预制构件特点，按照生产区、养护区、成品区、模板清洗区、试拼区、标准件样板展示区以及办公区等划分。各区域的划分用黄油漆隔离标识，并在各个区域设置标识牌，规划合理，交通流畅，如图3.5.2-1所示。

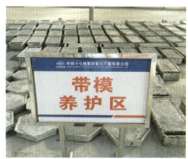

图 3.5.2-1　小型构件预制场各功能区

3　预制场布置应符合室内工厂化生产的要求,道路和排水畅通,场地四周采用牢固、安全的通透式围栏。预制场的所有场地必须采用不小于15cm厚的片、碎石垫层,不小于10cm厚的C15混凝土进行硬化处理;预制场的一般行车道路必须采用不小于15cm厚的片、碎石垫层,不小于15cm厚的C20混凝土进行硬化处理。

4　场地硬化按照四周低、中心高的原则进行,面层排水坡度不应小于1.5%,场地四周应设置排水沟,排水沟底面采用M7.5砂浆进行抹面,做到雨天场地不积水、不泥泞,晴天不扬尘。

5　生产区根据设计图纸确定的预制构件种类设置相应的生产线。

6　养护区应采用自动喷淋养护系统结合土工布覆盖对构件进行养护,确保构件处于湿润状态。混凝土必须覆盖养护7d以上,如图3.5.2-2所示。有条件的项目可在养护区设置蒸汽养护装置。

图 3.5.2-2　小型构件预制养护

7 模板清洗区应根据模板的数量设置足够面积的盐酸清洗池,确保脱模后能及时清洗模板,并有足够的场地进行晾晒,盐酸池内的盐酸应定期更换。

8 试拼区应设置一处不小于一榀骨架的模拟边坡,对边坡防护工程的预制块应先进行试拼,对尺寸不符合要求的模板进行更换。试拼区如图 3.5.2-3 所示。

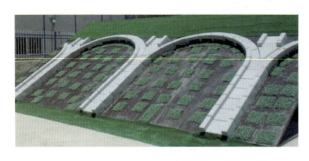 

图 3.5.2-3 试拼区

9 成品按不同规格分层堆码。对于体积较大预制块,如防撞护栏、扎带包装的预制块等,堆码不得超过两层。对于整体式预制件,如缝隙式水沟等不得超过四层。层间需用土工布进行隔开,预制件养护期不得进行堆码存放,以防损伤,运输过程中应轻拿轻放,防止缺边掉角。预制块堆放如图 3.5.2-4 所示。

图 3.5.2-4 预制块堆放

3.5.3 标识标牌应满足以下要求:

1 小型构件预制场内醒目位置应设置工程公示牌、施工平面布置图、安全生产牌、消防保卫牌、管理人员名单及监督电话牌、文明施工牌等明示标识。

2 应在生产区悬挂各类型号构件设计大样图。大样图如图 3.5.3 所示。

图 3.5.3 大样图

3 作业区、安全通道应设置禁止标识;小型构件预制场的生产区、养护区、成品区以及办公区等各生产区域应设置明示标识。

4 正在使用的机械设备应在醒目位置悬挂机械操作安全规定公示牌(即安全操作规程),易发生机械伤害的场所、施工现场出入口应设置禁止和警示标识。

3.5.4 机械设备应满足以下要求:

1 小型构件预制场所用混凝土应由合同段内大型拌和站集中供应,若小型预制构件混凝土量超过20000m³,经建设单位批准后可单独配备拌和站。拌和站必须达到三仓式自动计量标准,除占地面积外,拌和站建设标准应满足本指南第3.2节的要求。

2 每条生产线必须设置振动台,振动台电动机功率应经过现场试验,对振动台的性能进行分析与比选,确定振动台的电动机功率,一般为1.2~1.5kW,振动台数量根据预制构件生产数量确定。常规小型构件预制场生产线如图3.5.4-1所示。智能小型构件预制场生产线如图3.5.4-2所示。

图 3.5.4-1 常规小型构件预制场生产线

a) 智能小型构件预制场生产线总体图

图 3.5.4-2

b) 鱼雷罐混凝土运输

c) 布料器自动浇筑及振捣

d) 自动输送

e) 摆渡入库、蒸汽养护

f) 模板自动清洗

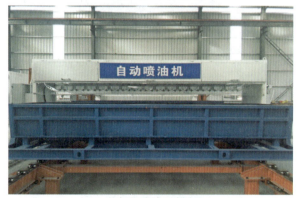
g) 自动喷涂脱模剂

图 3.5.4-2　智能小型构件预制场生产线

3　应配备自动扎带设备，小型成品构件应分类进行扎带包装。应配备自带吊臂的货车，用于小型预制构件的装卸和运输，严禁采用倾倒的方式装卸小型预制构件，码垛设备及扎带包装如图 3.5.4-3 所示。

4　模板必须使用整体式钢模或高强度塑料模板，入模前应进行拼缝检查，对拼缝达不到要求的，辅以双面胶或泡沫剂，必须选用优质脱模剂，保证混凝土外观。在周转间隙必须有覆盖措施，防止雨淋、生锈、被污染。未经清洗、变形、破损的模板严禁用于小型预制构件施工。模板使用如图 3.5.4-4 所示。

a)码垛设备

b)扎带包装

图 3.5.4-3　码垛设备及扎带包装

a)高强塑料模板

b)模板清洗

c)振动及气泵脱模

图 3.5.4-4　模板使用

3.5.5 信息化管理应满足以下要求：

1 小型构件预制场建设完成后应及时布设 10M 以上的独立光纤用于远程监控系统，确保能实时上传监控视频。

2 小型构件预制场应推广使用信息查询二维码，将批量生产的小型预制构件的使用材料、日期、相关责任人等信息录入，方便查询，如图 3.5.5-1 所示。

3 智能小型构件预制场应通过对现场施工、工序、人员、材料、机器管理等方面实现信息化管理,相关数据汇总分析结果可以通过指挥大屏进行形象化展示。智能小型构件预制场管控中心如图3.5.5-2所示。

图3.5.5-1 小型预制构件二维码

图3.5.5-2 智能小型构件预制场管控中心

3.5.6 小型构件预制场应满足以下安全环保要求：

1 小型构件预制场出入口宜设置洗车台(池),防止运送材料车辆、混凝土罐车等将泥土带进场内。场内应设置沉淀池,施工污水应先汇入沉淀池处理达标后方能排放。

2 小型构件预制场施工用水应满足施工用水的水质和水量要求,蓄水池的蓄水量应满足施工要求。

3 生产、生活营地的消防、安全设施应齐全到位,并做好临时雨水、污水排放以及垃圾处理,以防止污染环境。

3.6 锚固工程加工场

3.6.1 锚固工程加工场应满足以下基本要求：

1 锚固工程由建设单位单独招标的合同段,应参照钢筋加工场建设锚固工程加工场,对锚索、锚杆、钢筋等进行工厂化加工,如图3.6.1所示。锚固工程未单独招标的合同段,锚索、锚杆、钢筋等也应在室内进行加工,可在钢筋加工场内预留加工区域或参照本节标准建设加工场,严禁在施工现场露天加工。

图3.6.1　锚固工程加工场

2　锚固工程加工场应选址在地势较平坦、水电便利、运距适中、对地方干扰少的位置,功能区规划合理,要严格按照招投标承诺的有关要求进行建设。

3　锚固工程加工场规划方案经监理工程师审批同意后才能进行建设,并报建设单位备案。锚固工程加工场建设验收见本指南表A-5。

4　锚固工程加工场的生活区应同其他区隔离开,并对场地进行硬化处理。

3.6.2　场地建设应满足以下要求:

1　锚固工程加工场的占地面积应不少于1000m²。

2　应根据锚固工程施工特点,在加工场划分原材料存放区、小型材料货架摆放区、办公区、加工区、钢筋加工及半成品存放区、废弃料堆放区、消防区等。各区域的划分用不同颜色油漆隔离标识,并在各个区域设置标识牌,规划合理,交通流畅,如图3.6.2所示。

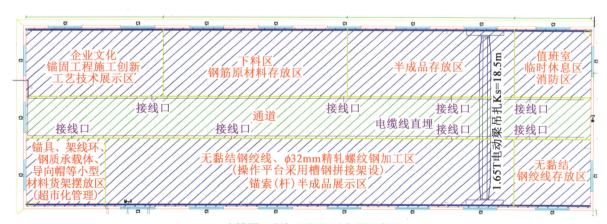

a) 锚固工程加工场平面布置示意图

图　3.6.2

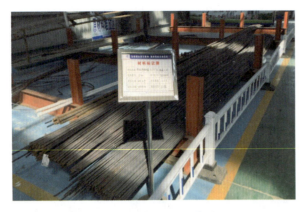 

b) 原材料堆放区　　　　　　　　c) 小型材料货架摆放区

d) 加工区　　　　　　　　　　　e) 钻孔岩渣取样存放区

图 3.6.2　锚固工程加工场功能区布置

3　锚固工程加工场应采用封闭式场站。场地布置应符合工厂化生产的要求，道路和排水畅通。加工场内的所有场地必须采用不小于 15cm 厚的片、碎石垫层，不小于 10cm 厚的 C15 混凝土进行硬化处理；加工场的一般行车道路必须采用不小于 15cm 厚的片、碎石垫层，不小于 15cm 厚的 C20 混凝土进行硬化处理。

4　场地硬化按照四周低、中心高的原则进行，面层排水坡度不应小于 1.5%，场地四周应设置排水沟。

3.6.3　标识标牌应满足以下要求：

1　锚固工程加工场内醒目位置应设置工程公示牌、施工平面布置图、安全生产牌、消防保卫牌、管理人员名单及监督电话牌、文明施工牌等明示标识。

2　作业区、安全通道应设置禁止标识；锚固工程加工场的原材料存放区、小型材料货架摆放区、办公区、加工区、钢筋加工及半成品存放区、废弃料堆放区、消防区等各生产区域应设置明示标识。

3　正在使用的机械设备应在醒目位置悬挂机械操作安全规定公示牌（即安全操作规程），易发生机械伤害的场所、施工现场出入口应设置禁止和警示标识。

4　焊接、切割场所设置禁止标识、警告标识。氧气、乙炔等易燃易爆场所设置禁止标识和明示标识。

5 各种加工设备设置安全操作规程和设备标识牌。

6 在加工制作区悬挂各号锚杆、锚索、钢筋等的大样设计图和施工工艺流程图,并标明尺寸、部位,确保下料及加工准确。

7 加工场管理人员和作业人员应统一服装,挂牌上岗。

3.6.4 机械设备应满足以下要求:

1 进场机械设备必须能满足工程质量和施工进度要求,并满足表 3.6.4 的要求,加工设备如图 3.6.4 所示。各机械设备应安装调试简便,容易操作、维修方便,可靠性高,安全性能好;对环境不会造成污染和破坏,如油、声污染。

表 3.6.4 锚固工程加工场设备配备标准

序号	内容	要求
1	钢筋加工配备	数控弯箍机 1 台(加工框架梁钢筋),平口直螺纹切筋机 1 台,数控钢筋调直机 1 台,二氧化碳保护焊 2 台
2	预应力锚杆、锚索加工配备	油泵 2 台,挤压机 2 台,切割机 2 台,焊机 2 台,锚杆锚索加工架
3	吊装设备	5t 桁吊设备,至少 1 台
4	其他施工设备	满足施工需要

a) 锚杆锚索加工架

b) 数控钢筋调直机

图 3.6.4 加工设备

2 大型机械施工现场必须严格执行一机一人专职防护,做到"五个一"即:一机、一人(专职防护)、一本(机械施工日志)、一牌(设备标识牌)、一证(机械操作证)。严格遵守持证上岗制度,机械操作人员必须熟悉本机的构造、性能及保养规程,熟练掌握机械设备的操作规程。

3 对组装好的桁吊,在使用前必须进行满载试吊,轨道在使用前应进行试运行,满足要求后方可正式使用。

4 框架梁钢筋应采用数控弯箍机加工,可委托或由路基施工合同段钢筋场加工,不得人工加工。

3.6.5 信息化管理应满足以下要求：

1 锚固工程加工场建设完成后应及时布设10M以上的独立光纤用于远程监控系统，确保能实时上传监控视频。

2 锚固工程加工场应推广使用信息查询二维码，从材料的接收、验收、入库、发放到施工现场的预制、安装等实现无缝连接，如图3.6.5所示。

图3.6.5 二维码查询

3.6.6 安全环保应满足以下要求：

1 机械作业人员进入施工现场作业前，应按设备操作规程进行检查，作业中严格遵守劳动纪律，不得酒后上岗或连续疲劳作业，应严格执行操作规程和相关安全规章制度，并做好设备使用、维护、保养记录。

2 吊装作业区应进行封闭，设置安全警告标语牌，作业场所应有安全执勤人员负责看守，严禁非工作人员进入，所有人员均不得在起吊和运行的吊物下站立。

3 场内施工用电应规范管理，各作业区用电回路分开设置，加设断路器和漏电保护器。

4 加工剩余的短小材料或废料要合理回收，充分利用。

5 定期、专人进行钢筋加工场的清理和打扫，保持场内卫生。

6 生产、生活营地的消防、安全设施应齐全到位，并做好临时雨水、污水排放以及垃圾处理，以防止污染环境。

3.7 原材料、半成品、成品存放场

3.7.1 原材料、半成品、成品存放场应满足以下基本要求：

1 原材料、半成品、成品存放场应合理选择设置地点，尽量靠近使用地点，确保运输及卸料方便。模板、脚手架等周转材料，应选择在装卸、取用、整理方便和靠近拟建工程地方放置。

2 各种材料应分区存放，堆放场地需进行硬化；存放场应留有足够宽度的通道，便于装运。

3 各种材料的堆放应做到一头齐,一条线,砂石成堆,设置标识牌。

4 预制构件的堆放位置应考虑吊装顺序,宜直接装卸就位。

5 材料场做到整齐干净,畅通。

6 各种材料进场均有合格证或试验单等质量证明资料。

7 贵重物资、装备器材要存入库内。

3.7.2 金属材料存放应满足以下要求:

1 线材存放时应下垫,平放堆垛,在室外存放时还应上盖。注意标牌的保管,避免混淆。钢筋根据进场、加工和使用的先后顺序,按型号、直径、用途分门别类叠放。金属材料堆放如图 3.7.2 所示。

图 3.7.2 金属材料堆放

2 型材存放时应下设混凝土枕梁,上覆防水遮盖物,平行分层堆码,统一放置,并且一端枕梁略高。

3 堆放钢板及钢杆件时,其高度不得超过 1m。

4 其他存放要求参照本指南第 3.3.2 条。

3.7.3 半成品、成品存放应满足以下要求:

1 存放场地应通风良好,宜搭设存储棚库。

2 金属、木材及构配件等的底部应按规定垫高,并避免与酸碱等易腐蚀性物质接触。木质材料或易变形材料应平放,不得挤压。在施工现场临时存放的地面应进行硬化。半成品、成品堆放如图 3.7.3 所示。

3 板材应存放在仓库或料棚内,不得露天存放。木材应选择干燥、平坦、坚实的场地堆放。选择堆放点应尽可能远离危险品及有明火的地方,并有严禁烟火的标识和消防设施。

4 易滑落的半成品、成品堆放必须捆绑牢固,高度不得超过 2m。

5 半成品、成品储存时应按使用、安装次序进行分类、分批存放,并按规定做好标识,小件(散件)材料及配件宜存放于箱、盒内。

图 3.7.3 半成品、成品堆放

3.7.4 周转料具存放应满足以下要求：

1 存放场地应通风良好，宜搭设存储棚库。

2 周转料具的存放应随拆、随整、随保养，码放整齐。

3 大型模板存放时，应有可靠的防倾倒措施，不得靠在其他模板上或物件上。周转料具存放如图 3.7.4 所示。

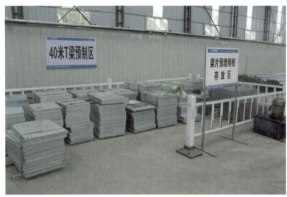 

图 3.7.4 周转料具堆放

3.7.5 装配式构件存放应满足以下要求：

1 应根据构件的使用先后和吊装顺序进行堆放，留出适当的通道，不得越堆吊运。

2 堆放构件时,应按构件刚度、受力情况等采用合理放置方式,保持稳定。

3 构件堆放时应放置在垫木上,垫木位置应与吊点相对应;同时应使吊环向上,标识向外。

4 水平分层堆放构件时,其堆垛高度应按构件强度、地面承载力、垫木强度以及堆垛的稳定性而定。大型构件一般以 2 层为宜,不应超过 3 层,构件各层之间应用垫木隔开,且各层垫木应在同一竖直线上。

5 盘扣支架、杆件、钢管支架等应分类码堆整齐,堆放地面宜平整硬化,防止变形、泡水。装配式构件堆放如图 3.7.5 所示。

图 3.7.5　装配式构件堆放

3.7.6 标识标牌应满足以下要求:

1 存放场内醒目位置应设置施工平面布置图、消防保卫牌、管理人员名单及监督电话牌等明示标识。

2 原材料、半成品、成品存放区应设置材料分区明示标识和材料标识牌。

3.7.7 安全环保应满足以下要求:

1 应根据原材料、半成品、成品的使用先后和吊装顺序进行堆放,留出适当的通道,不得越堆吊运。

2 易产生粉尘、有害气体的存放场应采取除尘、有害气体净化措施,且远离生活区、居民区。

3 施工机械设备产生的废水、废油及生活污水等未经处理不得直接排入河流、湖泊或其他水域中,也不得排入饮用水源附近的土地中。

4 加工剩余的短小材料或废料应合理回收,充分利用。

5 严禁将不易腐化的合成材料、化工原料等擅自埋入地下。

3.8　库房

3.8.1 库房建设应满足以下基本要求:

1 库房应合理选择设置地点,宜利用永久性仓库,布置地点应位于平坦、宽敞、交通方便之处,距各使用地点综合距离较近,还应考虑材料运入方式及遵循安全技术和防火规定。

2 库房道路应整平,具有良好的排水系统及沉淀池,现场废水不得直接排放,场地有条件应适当绿化。

3 油库、氧气库和电石库、爆破物品库等危险品仓库,应远离施工现场、居民区和既有设施,附近应有明显标识及围挡设施。易燃、易爆物品的仓库应设在地势低处,并在拟建工程的下风方向,附近应设有明显标识及围挡设施,并设置视频监控系统。

3.8.2 袋装水泥、掺合料、外加剂库房应满足以下要求:

1 袋装水泥、掺合料应采用库房储存,如图3.8.2所示。库房内地面应进行硬化、防潮处理,水泥应架空、离墙(地)均不小于30cm。库房内应定期清理散灰。

图 3.8.2　库房

2 袋装水泥应按品种、强度等级、生产日期分别堆放,并树立标识,防止混掺使用。

3 袋装水泥应避免与石灰、石膏以及其他易于飞扬的粒状材料同存,以防混杂影响质量。袋装水泥堆高不得超过10袋,宜一车一垛。

4 袋装水泥的储存时间不宜太长,以免结块降低强度。出场后超过三个月未用的水泥,应及时抽样检查,经化验后按重新确定的强度等级使用。

5 外加剂应按不同批次、不同品种、不同生产日期分开存放,根据不同的检验状态和结果采用统一的材料标识牌进行标识,注明生产厂、品种、出厂日期、进库保管日期等。存放高度不应超过1.5m,液态外加剂应分罐存放。外加剂库房如图3.8.2所示。

6 受潮、过期的袋装水泥和掺合料,以及过期、变质的外加剂,均不得随意丢弃,应运送到指定地点集中处理。

7 水泥库房宜设置进、出库门,确保水泥的正常循环使用。根据面积和出入口布置水泥垛的位置和顺序,确保水泥先进先发。

8 库房的面积宜按照$1.5t/m^2$的标准建设。

9 库房内应建立详细的外加剂调拨台账,使物资的使用具有一定的可追溯性。

3.8.3 危险品库应满足以下要求:

1 氧气瓶、乙炔瓶应分开存放,间距不小于5m,具有良好的通风和防爆照明设备,存放棚应上锁并将钥匙交由专人保管,悬挂安全标识,如图3.8.3-1所示。

图3.8.3-1 氧气瓶、乙炔瓶存放棚

2 剧毒、放射源等危险物品存放必须符合防爆、防雷、防潮、防火、防鼠、防盗等要求,且远离生活区,如图3.8.3-2所示。

图3.8.3-2 危险品库房

3 润滑油料应专门设库房存放。

3.8.4 油库应满足以下要求：

1 油库应严格制定油库安全管理制度、用火管理制度、外来人员登记制度。

2 油罐应按设计规定装油，不能混装。夏季露天装轻质油料的油罐应有降温措施。周围应采用围墙或通透式围栏进行隔离。

3 露天存放的桶装油料，应隐蔽、遮盖，桶身应倾斜，单口朝上，双口在同一水平线上，防止雨水侵入，垛位四周应设排水沟。

4 油库应划分消防区域，制定明确的报警信号，制定消防预案，设置消防工具和器材，并定期检查维护。

5 油罐区内禁止存放危险品、爆炸品和其他易燃物资。

6 库区、库房应保持清洁整齐，秩序良好，做到设备无锈蚀，地面无油迹。

3.8.5 标识标牌应满足以下要求：

1 应在醒目位置设置平面布置图、重大危险源公示牌、值班人员公示牌等明示标识。

2 各库房门口设置分区标识牌，各种材料库房内应设置材料标识牌，易燃易爆处应设置禁止标识，使用氧气、乙炔等易燃易爆场所应设置禁止、明示标识，消防器材放置场所应设置提示标识。

3 其他要求参照本章各条具体规定。

3.8.6 安全环保应满足以下要求：

1 库房内消防设施应符合防火防爆要求。

2 各类电气设备、线路不准超负荷使用，线路接头应牢靠，防止设备、线路过热或打火短路。发现问题应及时联系修理。

3 危险品库、油库等存放应符合《化学危险品安全管理条例》和《油库安全管理规程》等法律、法规的有关规定。

4 其他要求参照本章各条具体规定。

4 临时道路及用电

4.1 一般规定

4.1.1 临时道路及用电应与现场地形、地物和现有生活、生产设施相协调,注重环保、水保,尽量减少对现有地形地貌、环境、水源等的破坏,充分利用现有生活、生产设施。

4.1.2 应尽量避免与既有铁路线、公路平面交叉。便道干线不宜占用路基,特殊地段必要时可考虑短期占用路基,但应采取临时过渡性措施,尽量缓解干扰。

4.1.3 临时道路及用电标识标牌设置除应符合本章各节及附录 B 要求外,还应符合国家现行相关规范、标准等要求。

4.2 临时用电

4.2.1 临时用电应满足以下基本要求:
1 施工现场临时用电应符合现行《建筑与市政工程施工现场临时用电安全技术标准》(JGJ/T 46)的规定,并尽量与营运期永久用电相结合。施工前应编制临时用电方案和临时用电施工组织设计,确定电源进线、总配电箱、分配电箱的位置及线路定向,进行负荷计算,选择变压器容量和导线截面,制定安全用电技术措施和电气防火措施。经相关部门审核批准后实施。
2 电工必须经过国家现行标准考核合格后,持证上岗工作;其他用电人员必须通过相关安全教育培训和技术交底,考核合格后方能上岗工作。
3 安装、巡检、维修或拆除临时用电设备和线路,必须由电工完成,并应有人监护。电工等级应与工程的难易程度和技术的复杂性相适应。
4 施工现场临时用电工程必须建立安全技术档案。档案内容须满足现行《建筑与市政工程施工现场临时用电安全技术标准》(JGJ/T 46)的相关要求。

4.2.2 临时用电布设应满足以下要求:
1 施工现场临时用电应采用 TN-S 接地、接零保护系统,采用三相五线制(三根火线、一根工作零线、一根保护零线)和三级配电三级保护方式(总控、分控、开关、分控、开关分设漏电保护)。

2 配电系统需设置室内总配电箱和室外分配电箱,实行分级配电;总配电箱应设置在靠近电源的地方,分配电箱应设在用电设备或负荷相对集中的地方。

3 开关箱由末级分配电箱配电,开关箱内应"一机一闸",严禁一个开关直接控制两台及以上的用电设备;

4 应严格按照施工用电专项组织设计与施工现场平面布置进行架设和管理电力线,动力和照明线应分开架设。

5 施工现场临时用电电缆线敷设宜采用穿管敷设方式,做到现场电缆线入地无线化。临时用电电线布设如图4.2.2-1所示。

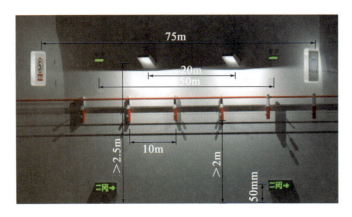

图4.2.2-1 临时用电电线布设示意图

1)电缆保护管应选用内壁光滑、施工方便、强度高、耐久性强的材料;
2)每根保护管宜只穿一根电缆;
3)保护管的内径不小于电缆线外径的2倍;
4)重载路段敷设时,保护管埋深不小于1.2m,并用混凝土进行包封。

6 架空线应采用绝缘导线或电缆线,应架设在专用电杆上,严禁架设在树木、脚手架及其他设施上,如图4.2.2-2所示。

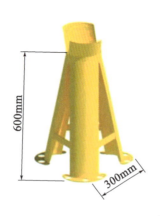

图4.2.2-2 架空线布设示意图

4.2.3 用电设备应满足以下要求:

1 用电设备实行"一机一闸一漏一箱"制,不得用一个开关直接控制两台及以上的用电设备;漏电保护器符合现行《剩余电流动作保护电器的一般安全要求》(GB/T 6829)的规定,并与用电设备相匹配。

2 配电箱、开关箱应装设在干燥、通风及常温场所,并保证有足够两个人同时作业的空间,其周围不得堆放任何有碍操作、维修的物品。配电箱、开关箱如图4.2.3所示。

图4.2.3 配电箱、开关箱

4.2.4 标识标牌应满足以下要求:

1 所有配电箱、开关箱均编号配锁,标明负责人姓名、联系电话、使用部位,张贴安全警示标识牌和电工巡视记录,设专人负责管理。

2 配电房(室)、变压器等固定电力设备应设置明显的禁止、警告标识。

4.2.5 安全环保应满足以下要求:

1 雨季施工应增加用电设备巡视次数,做好用电设施防雨措施。下雨时关好配电箱箱门,防止进水、受潮,发生漏电事故。雨后应对所有用电设备进行绝缘测试,合格后方可使用。

2 进入现场的电气设备、固定吊装设备、钢梁梁体等可能因雷击或外壳带电造成人身伤害的设备、设施均应设线接地。

3 配电房(室)、变压器等固定电力设备均设安全防护屏障或网栅围栏,高度不低于

2.5m。配电房、变压器安全防护如图4.2.5所示。

图4.2.5 配电房、变压器安全防护

4 报废、更换的用电设备应及时清理出施工现场,不得随意丢弃或埋入地下。

4.3 施工便道

4.3.1 施工便道应满足以下基本要求:

1 施工便道的建设应满足施工需要,尽量结合地方道路规划进行专项设计,尽可能提前实施,完工后尽量留地方使用。新建便道应尽量不占用农田、少开挖山体,节约资源,保护环境。施工便道如图4.3.1-1所示。

图4.3.1-1 施工便道

2 施工便道分为主(干)线和次(引)入线,施工主干道线尽可能地靠近管段各主要工点,引入线以直达用料地点为原则;应考虑与相邻合同段便道的衔接。

3 施工期间应指定专人(队)负责对施工便道的日常检查和养护,每个项目部最少要配备一台洒水车以用于晴天洒水,做到雨天不泥泞、晴天少粉尘。便道洒水降尘如图4.3.1-2所示。

图 4.3.1-2 便道洒水降尘

4.3.2 施工便道建设应满足以下要求：

1 施工便道路面应保持道路直顺、干净、美观，路况完好，无坑洼，无落石，无淤泥，不积水。

2 施工便道路基宽度应不小于 4.5m，路面宽度不小于 3.5m，曲线或地形复杂地段应适当加宽。视地形条件和视距要求，不大于 100m 设置一处错车道。错车道路基宽度不小于 6.5m，路面宽度不小于 5.5m，长度不小于 20m。便道在急弯、陡坡处应视地形情况适当加宽，并进行硬化处理。便道硬化如图 4.3.2-1 所示。

3 便道土质路基地段基层为不小于 20cm 厚的片(碎)石垫层，其面层为 5cm 的泥结碎石面层。挖方石质地段路基表面用泥结碎石找平。在软土或水田地带，基底应抛填片石或换填处理并做必要的防护。

4 各场(站、区)、重点工程施工等大型作业区，进出场以及与现有道路交叉的便道 200m 范围应进行硬化，采用 C20 混凝土，厚度不小于 20cm，并设置碎石或灰土垫层，基础碾压密实。

5 施工便道应设排水沟，沟底宽和深度不小于 30cm，排水畅通，并顺接原有自然水系。

6 便道经过水沟地段，应埋置钢筋混凝土圆管或设置过水路面，做到排水畅通。过水路段便道如图 4.3.2-2 所示。

图 4.3.2-1 便道硬化防护　　　　　　图 4.3.2-2 过水路段便道

4.3.3 标识标牌应满足以下要求：

1 应以各施工合同段为单位进行标识标牌等的编号。

2 施工便道应设置必要的标识标牌。便道路口应设置限速标识，施工便道与建筑物、城市道路等转角、视线不良地段应设置明示标识，跨越（临近）道路施工应设置警告标识，道路危险段设置"危险地段，注意安全"等警告标牌。途经小桥，应设置限载、限宽标识；途经通道，应设置限宽、限高警告标识。路线明显变化处、便道平面交叉处，应设置指路和警告标识。施工便道标识标牌及可视镜如图4.3.3-1所示。

图4.3.3-1　施工便道标识标牌及可视镜

3 施工现场（站）区、办公区、生活区等拐弯处应设置拐弯指向标识，并设置防撞墩、防撞柱等防护措施；在便道的施工现场侧设置里程标和半公里标。

4 应根据施工便道与建筑物、城市道路等的关系，在转角、视线不良地段设置警示装置或可视镜，如图4.3.3-1所示。

5 施工便道应从起点起依序编号，并标明便道通往的方向和主要工程名称。设便道标识标牌于路口处，标明便道序号、方向（通往××）、陡弯段里程等内容。便道编号如图4.3.3-2所示。

图4.3.3-2　便道编号

4.3.4 安全环保应满足以下要求：

1 利用地方道路作为施工便道，施工单位应提前与有关部门签订协议，待工程完工后按照协议进行补偿或修复。

2　工程完工后,施工单位应将施工便道予以拆除。当地部门要求保留时,要与相关部门签订好协议,否则应予以复耕。

3　施工便道急弯、陡坡、临崖等危险段落应在外侧设置混凝土防撞设施或波形护栏,并设置反光设施。其余段落应设置反光视线诱导设施。施工便道防护如图4.3.4所示。

图4.3.4　施工便道防护

4　处于不良地质段落的施工便道应对开挖边坡加强防护。

5　施工便道的养护应组织专门的养护队伍,配备必要的机械、工具和材料,定期对施工便道进行养护,汛期及极端天气应增加巡查次数。施工便道出现坍塌或滑坡时应及时封闭交通,待处置完成且满足安全要求时方可通行。

4.4　施工便桥

4.4.1　施工便桥应满足以下基本要求:

1　施工便桥的建设应满足施工需要,宜结合地方道路规划进行专项设计,尽可能提前实施,完工后应尽快拆除,恢复原地貌。施工便桥如图4.4.1所示。

图4.4.1　施工便桥

2　施工便桥应执行"设计→审批→制作→安装→验收→投入使用→拆除→清理河道"的程序。由使用单位自行组织验收,需地方或上级有关部门鉴定的应组织鉴定。便桥应由有资质的单位设计和建设,并实行分级审批,经审批后,方可进行建设。未经设计或委托不具备相应资质的单位进行设计、建设的便桥,不得组织验收和投入使用。

3 便桥建设高度不低于上一年最高洪水位,海上施工的便桥或栈桥其高度应根据 10~20 年一遇波浪要素值与潮汐特征值确定。

4.4.2 施工便桥建设应满足以下要求:

1 便桥结构应根据实际情况专项设计,应满足排洪要求,人行便桥宽度不小于 2.5m,人车混行便桥宽度不小于 4.5m。若便桥长度超过 1km,宜适当增加宽度。应考虑桥面通行最大荷载和最不利影响因素,并按不低于 1.3 倍安全系数设计,确保整个施工期间使用安全。

2 为防止水流冲刷,宜于桥台上游回填部分钢筋片石笼。

3 便桥桥墩应优先使用钢管桩搭设,钢管及钢构件质量须满足使用要求,无锈蚀。对于有覆盖层的河床,钢管桩的入土深度应能满足承载力要求;对于无覆盖层的河床,应采用复合桩基形式,先安放复合桩基护筒,钢护筒随冲击钻跟进 2m,钢护筒中浇筑混凝土,钢管桩插入钢护筒中的混凝土内,确保复合桩与河床有效锚固。

4 施工便桥桥面板宜采用装配式高性能混凝土面板。采用钢桥面板的,桥面板应有足够的厚度和刚度,保证车辆和施工机械设备通行平顺。若桥面板发生翘曲、变形、破损,应及时进行修补或更换。施工便桥桥面板如图 4.4.2 所示。

a) 钢桥面板

b) 高性能混凝土桥面板

图 4.4.2 施工便桥桥面板

4.4.3 标识标牌应满足以下要求:

1 应以各施工合同段为单位进行标识标牌等的编号。

2 施工便桥应全程设置警示、指示标识。标识标牌制作标准符合国家交通标识标准,标识包括:转弯警示、急坡警示、落石警示、会车台指示、桥梁指示、整里程标识、分岔路口指示以及限高、限速、限重标识牌等。

3 根据施工便桥与建筑物、城市道路等的关系,在转角、视线不良地段需设置警示装置或可视镜。

4 设便桥标识牌于路口处,标明便桥序号、方向(通往××)、陡弯段里程等内容。

4.4.4 安全环保应满足以下要求：

1 便桥桥面应设立柱间距1.5～2.0m、高度不低于1.2m的栏杆防护，栏杆颜色标准统一，在适当位置设置醒目的警示反光标识。跨越水域的便桥应在栏杆上挂设救生圈、救生绳等应急救援物资。施工便桥安全防护如图4.4.4-1所示。

图4.4.4-1 施工便桥安全防护

2 施工便桥桥头应设置门禁系统和值班室，并建立上桥登记制度，进入现场的所有工作人员必须穿戴与其工作相适应的个人防护用品，如安全帽、救生衣，高处作业应系好安全带等。施工便桥门禁如图4.4.4-2所示。

图4.4.4-2 施工便桥门禁

3 施工期间应做好防汛工作，相关防汛物资、设备应准备充足。

4 临近或跨越通航航道的便桥应根据当地航道管理部门的要求做好相应的安全防护、警示、信号灯等措施。

5 应规范钢便桥上临时用电设施及临时用电线路的布设，做好相应绝缘防护措施。

6 应组织专门的养护队伍，配备必要的机械、工具和材料，定期对施工便桥进行养护，汛期应增加巡查次数，汛期过后须排查便桥的变形破损情况，及时评估、检修、加固后方可使用。

7 工程完工后，施工单位应组织专业队伍按审批的拆除方案拆除施工便桥，由专职安全员监督，并对河道进行清理。

5 机构与人员管理

5.1 一般规定

5.1.1 本章节内容适用于常规高速公路项目各参建单位的人员管理,采用PPP、BOT、代建监理一体化、自管等模式的项目可参照设置。

5.1.2 各单位的机构设置、人员数量和资质等应满足交通运输部、福建省及招标文件的有关规定。

5.1.3 建设单位应按照招标文件加强施工、监理和试验检测单位人员的管理,制定相应的考勤办法,如打卡、人脸识别等方式。

5.1.4 各单位应建立健全人员安全管理体系、管理制度,成立相应的组织机构,强化组织、协调管理,落实人员安全管理责任,切实做好人员安全培训及技术交底等工作。

5.1.5 工地党支部的管理详见《福建省高速公路工地党建标准化指南》。

5.1.6 机构标识标牌设置除应符合本章各节及附录B要求外,还应符合国家现行相关规范、标准等要求。

5.2 建设单位

5.2.1 机构设置应满足以下要求:

1 项目公司的机构应精简高效,面向一线。项目公司驻地应设置在项目沿线所在县(市)。

2 建设里程在30km以下的高速公路项目,宜依托所在地市现有在建高速公路项目公司进行管理。公司法人治理结构及经营班子与依托的项目公司一致,不再另设公司内部机构,可根据项目实际情况适当增加技术人员人数指标。

3 项目公司内部管理机构应设置综合部(含纪检)、计划合同部、工程技术部(含技术、质量等)、财务审计部、安全管理部等职能部门。征地拆迁工作由各设区的市高速公路建设总指挥部(以下简称"市高指")根据《福建省高速公路工程建设项目征地拆迁补偿安置包干实施意见》配足人员负责,其机构挂靠综合部。

5.2.2 人员配备应满足以下要求:

1 项目公司人员应按《福建省高速公路建设单位人员控制使用数标准》配备,人员配备应满足建设管理需求。

1)项目公司工程专业技术人员应不少于总人数的65%,其中具有高、中级以上技术职称的专业技术人员应占70%以上。

2)应配备满足施工安全管理需求的安全管理人员,还应配备试验检测、绿化环保、房建工程、机电工程等专业技术人员;同时应配备1~2名专职安全管理人员,每个业代处至少配备1名专职安全管理人员。

2 人员资格应满足以下要求:

1)机构负责人:项目公司董事长或总经理应优先推荐具有高速公路建设管理经验的专业技术人员担任,且具有较强的组织管理和协调能力。若两个职位由一人担任,该职位应由专职人员担任,该负责人应具有中级及以上工程专业技术职称,具备2个及以上高速公路项目的建设管理经验。若两位负责人分开设置,二者中应有一位负责人为专职人员,并需满足上述要求。

2)分管工程技术的项目公司副总:应熟悉、掌握公路工程技术标准、规范和规程,具有高级及以上工程专业技术职称,并具备2个及以上高速公路项目的技术管理经验。

3)分管工程技术的项目总工:应熟悉、掌握公路工程技术标准、规范和规程,具有高级及以上公路工程类专业技术职称,并具备2个及以上高速公路项目的技术管理经验。

4)财务部门负责人:应熟悉掌握国家财经法规和财务制度,具有中级以上职称,并具备1个及以上高速公路建设项目的财务管理经验。

5)工程部门负责人:应具有中级及以上公路工程类专业技术职称,具备1个以上高速公路建设项目的管理经验。

6)计划合同部门负责人:应具有中级及以上公路工程类专业技术职称,并具备1个以上高速公路建设项目的管理经验。

7)安全部门负责人:应具有中级及以上专业技术职称,并经过省级以上交通质量安全监督部门安全培训,具备1个以上高速公路建设项目的管理经验。

8)业代处主任:应具有中级及以上公路工程类专业技术职称,并具备1个以上高速公路项目的建设管理经验。

9)业主代表:应具有初级及以上专业技术职称,具有3年以上工作经验,并具备1个以上高速公路项目的施工、设计、监理、建设管理等其中之一的项目建设经验。

5.2.3 人员管理应满足以下要求:

1 各新建高速公路项目在报批项目初步设计文件前,所在设区的市高指应将派驻工程现场的管理机构、管理人员及资格条件报省高速公路建设总指挥部(以下简称"省高指")审核同意后,再上报省交通运输厅核备。

2 应对工程管理人员进行培训,每年累计不少于12天或72学时,并建立培训记录台账,及时登记培训情况。

5.3 监理单位

5.3.1 机构设置应满足以下要求:

1 监理单位宜设置两级监理机构,即总监理工程师办公室(总监办)和驻地监理工程师办公室(驻地办)。

2 在中标通知书下达后,由监理单位按投标承诺及时组建监理驻地。

3 监理驻地设置地点以方便工作为原则,应考虑项目组成、工程规模、难易程度、合同工期、地理位置、现场条件等因素,从项目实际出发,根据不同情况设置相应的监理机构。

4 总监办应设办公室、工程部、综合部和工地试验室(有第三方检测的不设)。中心试验室设水泥室、力学室、土工室、标准养护室、混凝土室、集料室、样品室、沥青室、沥青混合料室和办公室。

5 驻地办宜按标段设驻地监理办公室。

6 总监办应加强组织领导,建立健全监理管理体系及管理制度。

5.3.2 人员配备应满足以下要求:

1 应根据投标承诺及工程实际需要,配置监理机构的人员,如总监、副总监、驻地工程师、专业监理工程师、监理员及后勤工作人员等。中心试验室设试验室主任、技术负责人及试验员等。

1)应根据投标时的承诺,在基本人员配备的基础上,再根据工程规模、工程进展阶段进行人员调配。

2)总监办应配备1名总监理工程师和若干名专业监理工程师。总监理工程师应具有相应专业的高级技术职称、5年以上的现场工程监理经历、担任过1个及以上同类工程的总监理工程师职务或2个及以上同类工程的驻地监理工程师。

3)驻地办应配备1名驻地监理工程师和若干名专业监理工程师。驻地监理工程师应具有相应专业的中级或以上技术职称、同类工程3年及以上的监理经历。

4)若总监办监理单位有设中心试验室,相关要求参照本指南第5.5节。

5)专业监理工程师应按照对工程实施有效监理的原则,根据监理内容、工程大小及类别配备。

6)总监办、驻地办均应配备相应数量安全、环保专业方面的监理工程师。

2 中标通知书下达后总监及试验室主任(若总监办有设试验室)应及时到位,其他人员在具备施工条件时必须全部到位。

5.3.3 人员管理应满足以下要求:

1 对所有监理人员应进行信息化管理,不允许随意变动,如需更换,应经建设单位批准。

2 监理人员应满足合同要求,并持有相应主管部门核发的证书方可上岗。

3 监理人员上岗前应经建设单位组织的实操能力及理论知识考核,考核合格后方可从事监理工作。

4 监理人员培训每年累计不少于12天或72学时,并建立培训记录台账,及时将培训情况进行登记,报建设单位备案。

5.4 施工单位

5.4.1 机构设置应满足以下要求:

1 项目部机构的设置应满足现场管理的要求。

2 在中标通知书下达后,由施工单位按投标承诺及时组建项目部。项目部设置地点以方便工作为原则,应设在建设项目现场。

3 项目部应设置"五部三室",即工程技术部、安全环保部、物资设备部、计划合同部、综合管理部和工地试验室、农民工工资管理办公室及党建办公室。

4 项目部应成立管理领导小组,加强组织领导,强化过程控制,建立健全项目部管理体系、管理制度,落实责任。

5.4.2 人员配备应满足以下要求:

1 项目部应根据投标承诺以及工程实际需要,配置项目部主要负责人、部室负责人及其他人员。

1)项目部人员配备应根据投标时的承诺,在基本人员配备的基础上,再根据工程规模、工程进展阶段进行人员调配。

2)应根据人员管理培训要求,建立考核、培训、培养机制,促进在岗工作人员的技术业务素养提高的同时,加强企业文化建设、加强思想文化引导、加强廉政建设、加强团队的意识建设,创造"公正、和谐、团结、奋斗"的氛围,带动建设工作全面开展。

3)中标通知书下达后,项目部主要负责人和负责前期工作的技术人员必须及时到位,项目部其他人员在具备施工条件时必须全部到位。

2 项目部人员应根据建设项目规模及投标承诺,并按照交通运输部有关规定,结合自身的特点配备,配置人员满足现场施工需要。

1)项目经理:应具有中级或以上专业技术职称,持注册建造师证,具备2个及以上高速公路项目的建设管理经历,并持有安全生产"三类人员"B类证书。

2)总工程师:应具有高级及以上专业技术职称,具备2个及以上高速公路项目的建设管理经历,熟悉、掌握公路工程技术标准、规范和规程,并持有安全生产"三类人员"B类证书。

3)项目副经理:至少配备2名,具备1个及以上高速公路项目的建设管理经历,并持有安全生产"三类人员"B类证书。

4）工程技术部：负责人1人，专业工程师和调度的配备满足现场施工管理的需要，但须保证专业齐全和调度24小时值班的需要。

5）安全环保部：负责人1人，专职安全员根据有关规定按工程规模和现场施工管理的需要配置，应持有安全生产"三类人员"C类证书。

6）工地试验室：按照《福建省公路水运工程工地试验室管理办法》规定，试验人员总数不少于4人；技术负责人应具有相关专业中级以上职称；试验工程师不少于2人。其他相关要求参照本指南第5.5节。

7）物资设备部、计划合同部、综合管理部、农民工工资管理办公室等根据工作需要配备。

5.4.3 项目部技术人员管理应满足以下要求：

1 技术人员应满足合同要求，并持有相应主管部门核发的证书方可上岗。

2 质检员、试验员、安全员、测量员等技术人员上岗前应经过监理工程师组织的考核，考核合格报建设单位批准。

3 技术人员进行培训每年累计不少于12天或72学时，并建立培训记录台账，及时将培训情况进行登记，报监理工程师备案。

5.4.4 施工班组人员管理应满足以下要求：

1 应按照交通运输部发布的《施工班组规范化建设与管理指南》要求加强对施工班组及所有劳务人员管理，贯彻人本化理念，保障劳务人员生活、生产条件，提高职业技能，增强职业道德，打造素质优良的劳动者大军，引导建设工人实现专业化、产业化。

2 所有施工班组人员应身体健康，具备适应相关工作的身体条件。

3 项目部应依据劳动法明确施工班组人员的合同关系，并对所有人员进行信息化管理，登记造册，建立流动档案管理。具备条件的宜推行"架子队"管理模式。

4 新进场的施工班组人员均应进行第三级的安全教育和岗前（转岗）培训，并经考核合格后方可安排生产岗位。

5 特殊工种应具有国家有关部门颁发的证件，上岗前应进行相关作业的安全技术交底学习，报监理工程师备案。特殊工种实行定岗定人制管理，不允许随意变动，如需更换，应报监理工程师批准。

6 所有施工班组人员作业时，应按照要求佩戴规定的防护用品，如安全帽、水鞋、手套、口罩等，并严格遵守安全操作规程。

7 项目部应设立技术培训学校，使用"福建省高速公路施工标准化管理系列指南"、三维动漫、视频图像等对施工班组人员进行培训和技术交底，并建立培训、交底记录台账，及时将培训、交底情况进行登记，报监理工程师备案，如图5.4.4所示。在关键工艺、工序和关键步骤施工前，再次对施工班组人员进行教育培训，以提高工程的施工质量、确保安全生产。

8 施工班组管理具体要求见交通运输部印发的《施工班组规范化建设与管理指南》。

图 5.4.4 多种培训交底形式

5.5 试验检测单位

5.5.1 机构设置应满足以下要求：

1 本节所指的试验检测单位为由建设单位公开招标的独立的第三方试验检测单位或监理单位(若监理单位设有中心试验室)。施工单位的试验室参照本节有关要求执行。

2 试验检测单位(以下简称"母体试验室")应取得交通运输部或省级交通质监机构颁发的公路工程试验检测机构乙级以上等级证书,并在工程项目现场设立工地试验室。母体试验室对工地试验室的试验检测工作负责。

3 试验室设置地点以方便工作为原则,宜设置在混凝土集中拌和场或预制场附近,其周边场所通道均应进行硬化。

1)工地试验室开展的试验检测项目所需要的仪器设备必须符合标准规范使用要求。工地试验室应按规定对仪器设备进行校准和检定。对可自行校准的仪器或设备,工地试验室应配备符合量值溯源要求的专用计量器具,并编制切实可行的仪器设备自检自校规程。

2)工地试验室应建立仪器设备管理档案和台账,并做好使用和维护记录。具体要求详见本指南第2.4节。

5.5.2 人员配备应满足以下要求：

1 工地试验室应根据合同的约定合理配备试验检测人员。

1）工地试验室主任和技术负责人必须持有交通运输部颁发的试验检测师证书，其他试验人员必须持有省级交通质监机构颁发的助理试验检测师证书。试验报告的签发和审核人员必须持有试验检测师证书。

2）工地试验室所有试验人员的照片和资质等信息应张贴在办公室或会议室的墙上。

2 试验室人员应根据建设项目规模和投标承诺，按照交通运输部有关规定和《福建省公路水运工程工地试验室管理办法》要求配备。试验室人员配备应不低于表5.5.2的规定。

表5.5.2 工地试验室人员配备要求

项次	第三方试验检测单位或监理单位试验室			施工单位试验室			备注
	管辖合同段总造价（亿元）	配备人数（人）		合同造价（亿元）	配备人数（人）		
		试验检测师	试验员		试验检测师	试验员	
1	≤5	2	3	≤1	2	3	以上人员均应持有交通行业试验检测相应有效的资格证书
2	5~20	2	4	1~3	2	4	
3	20~40	2	6	3~5	2	7	
4	40~60	2	7	5~10	2	9	
5	>60	≥3	≥9	>10	≥3	≥11	

5.5.3 试验室人员管理应满足以下要求：

1 工地试验室检测人员应由母体检测机构或其授权法人机构聘用和管理。

2 工地试验室授权负责人应为母体检测机构通过岗位登记人员，并持有交通运输部颁发的试验检测师证。

3 试验员上岗前应经过监理工程师组织的考核，考核合格报建设单位批准。

4 试验人员进行培训每年累计不少于12天或72学时，并建立培训记录台账，及时将培训情况进行登记，报监理工程师备案。

5.6 人员着装

5.6.1 所有建设项目应实行着装标准化，充分展现高速公路参建队伍良好形象和精神风貌。

1 各级管理人员进入施工现场时必须着工作服，佩戴上岗证，衣着服饰应保持端庄、整洁、大方。

2 参加会议或有关集体活动应按要求统一着装。

3 各单位对员工规范着装和佩戴上岗证应进行监督和不定期检查,对于不遵守着装、佩戴上岗证要求者,视情节给予通报批评和经济处罚。

5.6.2 工作服应满足以下要求:

1 建设单位管理人员应统一着工作服,并按《劳动防护用品配备标准》配备劳动防护用品,保障建设管理过程中的安全和健康,市高指可参照执行。工作服如图 5.6.2-1 所示。

图 5.6.2-1 工作服示意图

2 监理和施工单位管理人员应统一着工作服,样式及颜色项目内宜进行统一。施工作业人员工作服宜统一颜色,并穿反光防护背心,安全员应同时佩带红色袖章,并按《劳动防护用品配备标准》配备劳动防护用品,保障施工过程中的安全和健康。施工人员着装如图 5.6.2-2 所示。

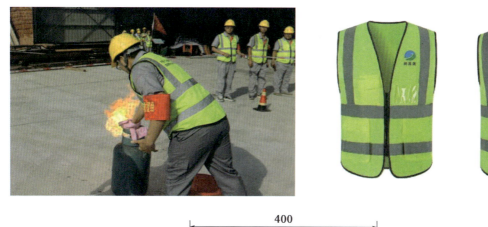

图 5.6.2-2 施工人员着装(尺寸单位:mm)

5.6.3 安全帽应满足以下要求：

1 所有人员进入施工现场必须佩戴安全帽，并遵守安全生产管理相关规定。

2 安全帽颜色分为红、白、黄、蓝四色。红色为省高指、市高指和建设单位使用，其他颜色宜按"白色为监理单位人员使用，黄色为施工单位人员使用，蓝色为特种操作人员使用"的原则配置。施工单位还应准备适量的红色安全帽供临时参访检查人员使用。安全帽如图5.6.3所示。

图5.6.3 安全帽

3 安全帽上应按要求注明标识，安全帽前端张贴单位标志，安全帽后侧按要求注明编号。

5.6.4 上岗证应满足以下要求：

1 工作期间或进入施工现场，各级管理人员应规范佩戴上岗证，上岗证正面佩戴于前胸，不得隐藏于外衣下及口袋内。特种作业人员也应佩戴上岗证。

2 上岗证应统一制作，使用过塑卡、挂式。建设、设计、咨询、监理单位人员佩戴红色胸卡；施工单位管理人员佩戴蓝色胸卡。上岗证样式：双面制作，硬板过塑，尺寸大小7cm×10.5cm，过塑后尺寸为8cm×12cm。上岗证如图5.6.4所示。

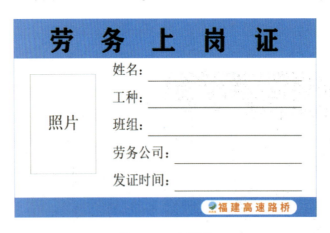

图5.6.4 上岗证

3 上岗证内容应包含单位名称（标识）、项目名称、姓名、岗位、编号、个人照片、岗位上加盖项目章等。

附录 A 场站建设验收表

表 A-1 拌和站建设验收表

福建省_____高速公路项目_____合同段_____拌和站建设验收表

施工单位			监理单位			
序号	检查项目	检查内容		施工单位自检情况	监理单位初验情况	建设单位验收情况
1	基本要求	(1)每个合同段是否只设置一座大型拌和站,增设的是否经过建设单位审批; (2)场站选址是否符合用地、安全等要求; (3)拌和站是否采用封闭式管理,四周设置围墙,入口设置大门和值班室; (4)是否由项目部直接进行建设及管理,是否分包、转包给其他单位或个人; (5)是否合理划分各功能区和生活区,生活区是否同其他区隔离开; (6)场站临时用电是否符合现行《建筑与市政工程施工现场临时用电安全技术标准》(JGJ/T 46)及本指南第 4.2 节的有关规定; (7)场站消防设施是否满足现行《建设工程施工现场消防安全技术规范》(GB 50720)的有关规定,配置相应的消防安全标识和消防安全器材				
2	场地建设	(1)拌和站场地面积是否满足要求,搅拌机组配置及产能是否满足生产、施工需求和工程进度要求; (2)拌和站的所有场地和道路是否按要求进行混凝土硬化处理; (3)是否在场地外侧合适的位置设置沉砂井及污水过滤池,是否将站内生产废水直接排放,拌和站入口处是否设置洗车池; (4)水泥、矿粉、外加剂等库房建设是否满足要求; (5)储料仓数量、隔墙尺寸、顶棚、下料仓隔板高度等是否满足要求				
3	标识标牌	(1)大门位置是否悬挂详细的现场布置图,站内各功能区是否设置明显的标识牌; (2)拌和站内醒目位置是否设置工程告示牌、安全生产牌、消防保卫牌、管理人员名单及监督电话牌、文明施工牌等明示标识; (3)拌和站出入口、拌和楼控制室是否设置禁止、警告、指令标识; (4)拌和机操作房前醒目位置是否悬挂混凝土配合比标识牌				

续上表

序号	检查项目	检查内容	施工单位自检情况	监理单位初验情况	建设单位验收情况
4	生产能力	(1)拌和站搅拌机组配置是否满足本指南中表3.2.4的有关要求; (2)拌和站建设完成后,是否根据拌和机的功率配备相应的备用发电机; (3)拌和站的计量设备是否通过当地政府计量部门标定; (4)混凝土运输车的数量是否与拌和站的生产能力及工程所需要的混凝土数量相匹配,搅拌罐容积是否满足需要			
5	信息化管理	(1)拌和站入口及拌和机位置是否设置远程视频监控探头,是否能24h监控; (2)沥青拌和站建设完成后,是否及时布设10M独立光纤用于远程监控系统			
6	安全文明	(1)站内各功能区是否在明显位置设有防火设施;站内灭火器不少于10个,至少设置一个消防池并配备相应的灭火器材; (2)临近居民区施工产生的噪声不应大于现行《建筑施工场界环境噪声排放标准》(GB 12523)的规定; (3)场地内专人清扫、洒水,场地整洁; (4)废水、废油及生活污水是否按要求处理; (5)水泥或粉煤灰罐是否安装避雷设施及缆风绳,在进行场地硬化时是否在地面预埋缆风绳拉钩; (6)拌和楼是否按全封闭设置,减少或防止灰尘污染空气			

施工单位意见:

年　月　日
（盖　章）

监理单位意见:

年　月　日
（盖　章）

建设单位意见:

年　月　日
（盖　章）

市高指意见:

年　月　日
（盖　章）

表 A-2 钢筋加工场建设验收表

福建省_____高速公路项目_____合同段_____钢筋加工场建设验收表

施工单位			监理单位			

序号	检查项目	检查内容	施工单位自检情况	监理单位初验情况	建设单位验收情况
1	基本要求	（1）每个合同段是否只设置一座钢筋加工场,增设的是否经过建设单位审批; （2）场站选址是否符合用地、安全等要求; （3）钢筋加工场是否配备数控钢筋弯曲机和数控弯箍机,是否设置远程视频监控探头,确保能24h监控; （4）是否由项目部直接进行建设及管理,是否分包、转包给其他单位或个人; （5）是否合理划分各功能区,是否须配备桁吊或门式起重机,并能满足钢筋加工场内各功能区之间的钢筋转运要求; （6）场站临时用电是否符合现行《建筑与市政工程施工现场临时用电安全技术标准》（JGJ/T 46）及本指南第4.2节的有关规定; （7）场站消防设施是否满足现行《建设工程施工现场消防安全技术规范》（GB 50720）有关规定,配置相应的消防安全标识和消防安全器材			
2	场地建设	（1）钢筋加工场面积是否满足要求,顶棚及架构是否采用工厂式标准件钢结构搭设; （2）场内场地和道路是否按要求进行混凝土硬化处理; （3）场内排水是否满足要求,四周是否设排水沟; （4）是否设置钢筋堆放枕梁,并确保钢筋不变形			
3	标识标牌	（1）加工场内醒目位置是否设置工程公示牌、施工平面布置图、安全生产牌、消防保卫牌、管理人员名单及监督电话牌、文明施工牌等明示标识; （2）焊接、切割场所是否设置禁止标识、警告标识,安全通道是否设置禁止标识,使用氧气、乙炔等易燃易爆场所是否设置禁止标识; （3）机械设备是否悬挂机械操作安全规定公示牌（即安全操作规程）和设备标识牌; （4）各种原材料、半成品或成品是否按其检验状态与结果、使用部位等进行标识; （5）在加工制作区是否悬挂各号钢筋的大样设计图,标明尺寸、部位,确保下料及加工准确			
4	加工能力	（1）进场机械设备是否能满足工程质量和施工进度要求;对环境不会造成污染和破坏; （2）钢筋加工场配备的机械设备是否满足本指南中表3.3.4的相关要求			

续上表

序号	检查项目	检查内容	施工单位自检情况	监理单位初验情况	建设单位验收情况
5	安全文明	（1）站内各功能区是否在明显位置设有防火设施；站内灭火器不少于10个，至少设置一个消防池并配备相应的灭火器材； （2）场内施工用电是否规范管理，各作业区用电回路分开设置，加设断路器和漏电保护器；照明设施是否加设网罩防护； （3）场地内专人清扫、洒水，场地整洁； （4）废水、废油及生活污水是否按要求处理； （5）钢筋进行防腐处理时，制作区是否远离办公生活区；焊接时，是否有可靠的接地装置，导线绝缘良好			

施工单位意见：

年　月　日
（盖　章）

监理单位意见：

年　月　日
（盖　章）

建设单位意见：

年　月　日
（盖　章）

市高指意见：

年　月　日
（盖　章）

表 A-3 梁片预制场建设验收表

福建省_____高速公路项目_____合同段_____梁片预制场建设验收表

施工单位			监理单位			
序号	检查项目	检查内容		施工单位自检情况	监理单位初验情况	建设单位验收情况
1	基本要求	(1)每个合同段是否只设置一座梁片预制场,增设的是否经过建设单位审批; (2)场站选址是否符合用地、安全等要求; (3)是否设置远程视频监控探头,确保能24h监控; (4)是否由项目部直接进行建设及管理,是否分包、转包给其他单位或个人; (5)预制场建设标准是否满足要求; (6)场站临时用电是否符合现行《建筑与市政工程施工现场临时用电安全技术标准》(JGJ/T 46)及本指南第4.2节的有关规定; (7)场站消防设施是否满足现行《建设工程施工现场消防安全技术规范》(GB 50720)的有关规定,配置相应的消防安全标识和消防安全器材				
2	场地建设	(1)梁片预制场面积是否满足要求; (2)场内场地和道路是否按要求进行混凝土硬化处理; (3)场内排水是否满足要求,四周是否设排水沟; (4)是否根据梁片养护时间及台座数量设置足够的梁体养护用的自动喷淋设施,喷淋水压加压泵应能保证提供足够的水压; (5)预制梁的台座设置是否满足要求; (6)是否配备梁板钢筋骨架定位胎膜,并安装牢固; (7)波纹管、锚具、支座、半成品等材料是否按相关要求建库保管				
3	标识标牌	(1)预制场内醒目位置是否设置工程公示牌、施工平面布置图、安全生产牌、消防保卫牌、管理人员名单及监督电话牌、文明施工牌等明示标识; (2)吊装作业区、安全通道是否设置禁止标识,预制场的制梁区、存梁区、构件加工区等各生产区域应设置明示标识; (3)钢筋绑扎区在明显位置是否设置标识牌; (4)张拉台座两端是否设置指令标识,并设置钢板防护; (5)正在使用的机械设备是否在醒目位置悬挂机械操作安全规定公示牌(即安全操作规程),易发生机械伤害的场所、施工现场出入口应设置禁止和警示标识				
4	机械设备	(1)进场机械设备是否能满足工程质量和施工进度要求;对环境不会造成污染和破坏; (2)施工现场安装、拆装大型施工机械时,是否由具有相应资质的单位承担; (3)预制场内是否设置起重设备(如门式起重机),起重设备应进行专业安检; (4)对组装好的门式起重机,在使用前是否进行满载试吊,运梁轨道和龙门轨道在使用前应进行试运行,满足要求后方可正式使用; (5)预应力张拉是否采用智能张拉技术,智能张拉设备在预制梁开始施工前是否进场并调试完成				

续上表

序号	检查项目	检查内容	施工单位自检情况	监理单位初验情况	建设单位验收情况
5	安全文明	（1）站内各功能区是否在明显位置设有防火设施；站内灭火器不少于10个，至少设置一个消防池并配备相应的灭火器材； （2）场内是否设置沉淀池，施工污水应先汇入沉淀池处理达标后方能排放； （3）场地内专人清扫、洒水，场地整洁； （4）废水、废油及生活污水是否按要求处理； （5）预制场施工用水是否满足预制场施工用水的水质和水量要求，预制场的蓄水池是否确保施工用水充足； （6）场内是否设置张拉防护台座，确保张拉操作时人员安全			

施工单位意见：

年　月　日
（盖　章）

监理单位意见：

年　月　日
（盖　章）

建设单位意见：

年　月　日
（盖　章）

市高指意见：

年　月　日
（盖　章）

注：智能梁片预制场验收参照上述表格。

表 A-4 小型构件预制场建设验收表

福建省_____高速公路项目_____合同段_____小型构件预制场建设验收表

施工单位			监理单位			
序号	检查项目	检查内容		施工单位自检情况	监理单位初验情况	建设单位验收情况
1	基本要求	（1）路基排水工程的水沟盖板、防护工程的各型预制块、隧道排水工程盖板及其他设计要求的小型预制构件是否集中预制； （2）场站选址是否符合用地、安全等要求； （3）是否由项目部直接进行建设及管理，是否分包、转包给其他单位或个人； （4）是否合理划分各功能区；是否采用封闭式管理； （5）场站临时用电是否符合现行《建筑与市政工程施工现场临时用电安全技术标准》（JGJ/T 46）及本指南第4.2节的有关规定； （6）场站消防设施是否满足现行《建设工程施工现场消防安全技术规范》（GB 50720）的有关规定，配置相应的消防安全标识和消防安全器材				
2	场地建设	（1）小型构件预制场面积是否满足要求； （2）场内场地和道路是否按要求进行混凝土硬化处理； （3）场内排水是否满足要求，四周是否设排水沟； （4）养护区是否设置自动喷淋养护系统； （5）模板清洗区是否根据模板的数量设置足够面积的盐酸清洗池				
3	标识标牌	（1）小型构件预制场内醒目位置是否设置工程公示牌、施工平面布置图、安全生产牌、消防保卫牌、管理人员名单及监督电话牌、文明施工牌等明示标识； （2）作业区、安全通道是否设置禁止标识，小型构件预制场的生产区、养护区、成品区以及办公区等各生产区域是否设置明示标识； （3）正在使用的机械设备是否在醒目位置悬挂机械操作安全规定公示牌（即安全操作规程），易发生机械伤害的场所、施工现场出入口是否设置禁止和警示标识				
4	机械设备	（1）每条生产线是否设置振动台，同时配备小型拌和站一座（尽可能与既有拌和站一起设置）；振动台数量是否满足预制构件生产需求； （2）混凝土可由就近大型拌和站集中供应，若单独设置拌和站，拌和站是否达到三仓式自动计量标准； （3）模板是否使用钢模或高强度塑料模板；在周转间隙是否有覆盖措施，防止雨淋、生锈、被污染				

续上表

序号	检查项目	检查内容	施工单位自检情况	监理单位初验情况	建设单位验收情况
5	安全文明	（1）站内各功能区是否在明显位置设有防火设施；站内灭火器不少于10个，至少设置1个消防池并配备相应的灭火器材； （2）场内施工用电是否规范管理，各作业区用电回路分开设置，加设断路器和漏电保护器；照明设施是否加设网罩防护； （3）场地内专人清扫、洒水，场地整洁； （4）废水、废油及生活污水是否按要求处理			

施工单位意见：

年　　月　　日
（盖　章）

监理单位意见：

年　　月　　日
（盖　章）

建设单位意见：

年　　月　　日
（盖　章）

市高指意见：

年　　月　　日
（盖　章）

续上表

表 A-5　锚固工程加工场建设验收表

福建省_____高速公路项目_____合同段_____锚固工程加工场建设验收表

施工单位			监理单位			
序号	检查项目	检查内容		施工单位自检情况	监理单位初验情况	建设单位验收情况
1	基本要求	（1）场站选址是否符合用地、安全等要求； （2）是否合理划分各功能区，是否采用封闭式管理； （3）场站临时用电是否符合现行《建筑与市政工程施工现场临时用电安全技术标准》(JGJ/T 46)及本指南第4.2节的有关规定； （4）加工场消防设施是否满足现行《建设工程施工现场消防安全技术规范》(GB 50720)的有关规定，配置相应的消防安全标识和消防安全器材				
2	场地建设	（1）锚固工程加工场面积是否满足要求； （2）场内场地和道路是否按要求进行混凝土硬化处理； （3）场内排水是否满足要求，四周是否设排水沟				
3	标识标牌	（1）锚固工程加工场内醒目位置是否设置工程公示牌、施工平面布置图、安全生产牌、消防保卫牌、管理人员名单及监督电话牌、文明施工牌等明示标识； （2）作业区、安全通道是否设置禁止标识，锚固工程加工场的各生产区域是否设置明示标识； （3）正在使用的机械设备是否在醒目位置悬挂机械操作安全规定公示牌（即安全操作规程），易发生机械伤害的场所、施工现场出入口是否设置禁止和警示标识				
4	机械设备	（1）每条生产线的机械设备数量是否满足生产需求； （2）组装好的桁吊，在使用前是否进行满载试吊，轨道在使用前是否进行试运行				
5	安全文明	（1）站内各功能区是否在明显位置设有防火设施；站内灭火器不少于10个，至少设置1个消防池并配备相应的灭火器材； （2）场内施工用电是否规范管理，各作业区用电回路分开设置，加设断路器和漏电保护器；照明设施是否加设网罩防护； （3）场地内专人清扫、洒水，场地整洁； （4）废水、废油及生活污水是否按要求处理				
施工单位意见：					年　月　日 （盖　章）		
监理单位意见：					年　月　日 （盖　章）		
建设单位意见：					年　月　日 （盖　章）		
市高指意见：					年　月　日 （盖　章）		

附录 B 标识标牌设置

B.1 说明

B.1.1 福建省高速公路建设项目施工现场标识标牌设置除应满足本指南各章节相关要求外，还应满足本附录要求。

B.1.2 标识标牌设置应符合以下现行标准规范和其他国家及交通运输部有关强制性标准的要求：
1 《图形符号　术语》（GB/T 15565）。
2 《图形符号　安全色和安全标志　第 2 部分：产品安全标的设计原则》（GB/T 2893.2）。
3 《安全标志及其使用导则》（GB 2894）。
4 《公共信息图形符号》（所有部分）（GB/T 10001）。
5 《消防安全标志　第 1 部分：标志》（GB 13495.1）。
6 《消防安全标志设置要求》（GB 15630）。
7 《工作场所职业病危害警示标识》（GBZ 158）。
8 《道路交通标志和标线》（所有部分）（GB 5768）。

B.1.3 标识标牌包括以下类型：
1 禁止标志：禁止人们不安全行为的图形标志。
2 警告标志：提醒人们对周围环境引起注意，以避免可能发生危险的图形标志。
3 指令标志：强制人们必须做出某种动作或采用防范措施的图形标志。
4 提示标志：向人们提供某种信息（如标明安全设施或场所等）的图形标志。
5 明示标志：上述四种标志中不能包括但现场需明示相关信息的图形标志。

B.1.4 标识标牌应采用坚固耐用的材料制作。
1 可根据具体情况选用铝合金板、薄钢板、合成树脂类板材等。
2 有触电危险的场所应使用绝缘材料。
3 材料表面应无毛刺、孔洞等影响使用的情况。
4 边缘和尖角应适当倒棱，呈圆滑状，带有毛边处应打磨光滑。

B.1.5 标识标牌可采用矩形或圆形。

1 矩形标识标牌尺寸(长×宽)宜为300mm×400mm、400mm×300mm、600mm×800mm、800mm×600mm、1500mm×1000mm、1500mm×2000mm、2000mm×1500mm、2500mm×2000mm。

2 圆形标识标牌直径宜为300mm和500mm。

3 在特殊情况下,可根据现场实际确定标志牌尺寸,但不得影响明示效果。

B.1.6 标识标牌中的文字应采用简体中文,字体均采用黑体。

B.1.7 标识标牌的构造与安装应满足以下要求:

1 标识标牌由底板、支撑件、基础等组成,各组成部分应连接可靠。

2 支撑件应具有一定的强度和刚度,并考虑美观要求,宜选用槽钢、角钢、工字钢等材料。

3 标识标牌应安装稳固,满足抗风、抗拔、抗撞等要求。

4 不需要使用支撑件的标识标牌,应直接悬挂、粘贴于附着物上。

B.1.8 标识标牌的设置位置应合理、醒目,能使观察者引起注意、迅速判读、有必要的反应时间或操作距离。

1 设置的安全文明标识标牌,应使大多数观察者的观察角接近90°。

2 标识标牌不得设在门、窗、架等可移动的物体上。标识标牌前不得放置妨碍认读的障碍物。

3 当采用悬挂方式安装时,标识标牌在防护栏上的悬挂高度宜为800mm;采用粘贴方式时,应粘贴在表面平整的硬质底板或墙面上,粘贴高度宜为1600mm;当采用竖立方式安装时,支撑件要牢固可靠,标志距离地面高度为800mm。高度均指标志牌下缘距地面的垂直距离。当不能满足上述要求时,视现场情况确定。

B.1.9 应经常检查标志的状态,保持清洁醒目、完整无损失。如发现有破损、变形、褪色等不符合要求时,应及时修整或更换。

B.1.10 便桥、便道的标识标牌设置应根据施工现场实际情况,按现行《道路交通标志和标线》(所有部分)(GB 5768)的规定执行。

B.2 制作、安装和设置要求

B.2.1 禁止标识标牌可参照表B.2.1的要求设置。

表 B.2.1　部分禁止标志制作、安装和设置要求

图形	制作要求 (尺寸单位:mm)	安装要求	设置范围和部位
禁止放易燃物	尺寸为 300×400	悬挂或粘贴 详见说明	具有明火设备或高温的作业场所,如各种焊接、切割等动火场所
禁止合闸	尺寸为 300×400	悬挂或粘贴 详见说明	用电设备或线路检修时,相应开关处
禁止攀登	尺寸为 300×400	悬挂或粘贴 详见说明	不允许攀爬的危险地点,如有危险的建筑物、构筑物、设备处
禁止抛物	尺寸为 300×400	悬挂或粘贴 详见说明	抛物易伤人的地点,如高处作业现场、深沟(坑)等

附录 B　标识标牌设置

续上表

图形	制作要求 (尺寸单位:mm)	安装要求	设置范围和部位
 禁止入内	尺寸为 300×400	悬挂或粘贴 详见说明	易造成事故或对人员有伤害的场所,如高压设备室、配电房等入口处
 禁止停留	尺寸为 300×400	悬挂或粘贴 详见说明	对人员具有直接危险的场所,如危险路口、吊装作业区、输送带下方、预制梁设区等处
 禁止放易燃物	尺寸为 300×400	悬挂或粘贴 详见说明	有乙类火灾危险物质的场所,如氧气及乙炔存区、油关存放处及其他易燃易爆处
 禁止合闸	尺寸为 300×400	悬挂或粘贴 详见说明	应急通道、安全通道及施工操作平台等处

续上表

图形	制作要求 (尺寸单位:mm)	安装要求	设置范围和部位
禁止暴晒	尺寸为300×400 白底红字	悬挂或粘贴 详见说明	使用氧气、乙炔等易燃易爆物处所
禁止掉落焊花	尺寸为300×400 白底红字	悬挂或粘贴 详见说明	跨越通航河道、铁路、公路等施焊场所
禁止翻越防护栏	尺寸为300×400 白底红字	悬挂或粘贴 详见说明	临近既有线的防护栏
禁止倾倒垃圾	尺寸为300×400 白底红字	悬挂或粘贴 详见说明	水上施工作业场所

续上表

图形	制作要求 (尺寸单位:mm)	安装要求	设置范围和部位
禁止排放油污	尺寸为 300×400 白底红字	悬挂或粘贴 详见说明	水上施工作业场所
禁止向水中排放泥浆	尺寸为 300×400 白底红字	悬挂或粘贴 详见说明	水上施工作业场所
5	尺寸为 300×400 白底红字	悬挂或粘贴 详见说明	场内道路及隧道洞口设置5公里限速牌,隧道成洞段处设置15公里限速牌
施工重地 闲人免进	尺寸为 300×400 白底红字	悬挂或粘贴 详见说明	拌和站、加工场、制梁场(预制场)、现浇梁、隧道洞口等现场的出入口、重点部位

续上表

图形	制作要求 (尺寸单位:mm)	安装要求	设置范围和部位
机房重地 闲人免进	尺寸为 300×400 白底红字	悬挂或粘贴 详见说明	拌和站、制梁场(预制场)的控制室和发电机房、抽水机房等处
锅炉重地 闲人免进	尺寸为 300×400 白底红字	悬挂或粘贴 详见说明	锅炉房入口处所

B.2.2 警告标识标牌可参照表 B.2.2 要求设置。

表 B.2.2 部分警告标志制作、安装和设置要求

图形	制作要求 (尺寸单位:mm)	安装要求	设置范围和部位
当心触电	尺寸为 300×400	悬挂或粘贴 详见说明	有可能发生触电危险的电气设备和线路,如配电箱(柜)、开关箱、变压器、用电设备处
当心掉物	尺寸为 300×400	悬挂或粘贴 详见说明	有吊装设备作业的场所

续上表

图形	制作要求 (尺寸单位:mm)	安装要求	设置范围和部位
当心弧光	尺寸为 300×400	悬挂或粘贴 详见说明	由于弧光可能造成眼部伤害的各种焊接作业场所
当心火灾	尺寸为 300×400	悬挂或粘贴 详见说明	易发生火灾的危险场所,如可燃性物质的储运、使用等场所
当心机械伤人	尺寸为 300×400	悬挂或粘贴 详见说明	易发生机械卷入、轧压、碾压、剪切等机械伤害的作业场所
当心坑洞	尺寸为 300×400	悬挂或粘贴 详见说明	具有坑洞易造成伤害的作业地点,如预留孔洞及各种深坑的上方等处

续上表

图形	制作要求 (尺寸单位:mm)	安装要求	设置范围和部位
当心落物	尺寸为 300×400	悬挂或粘贴详见说明	易发生落物危险的地点,如高处作业、立体交叉作业等的下方
当心塌方	尺寸为 300×400	悬挂或粘贴详见说明	易发生塌方危险的地段,如边坡及土方作业的深坑、深槽等场所
当心有害气体中毒	尺寸为 300×400	悬挂或粘贴详见说明	易产生有毒、有害气体的场所
当心扎脚	尺寸为 300×400	悬挂或粘贴详见说明	易造成脚部伤害的作业地点

附录 B 标识标牌设置

续上表

图形	制作要求 (尺寸单位:mm)	安装要求	设置范围和部位
 当心坠落	尺寸为 300×400	悬挂或粘贴 详见说明	易发生坠落事故的作业地点
 注意安全	尺寸为 300×400	悬挂或粘贴 详见说明	易造成人员伤害的场所及设备等处
 当心落石	尺寸为 400×300 黄底黑字	悬挂或粘贴 详见说明	易落石的地带,如隧道出入口、路基砌筑边坡等处
 当心碰头	尺寸为 400×300 黄底黑字	悬挂或粘贴 详见说明	施工现场狭小、低矮通道处

续上表

图形	制作要求 （尺寸单位：mm）	安装要求	设置范围和部位
	尺寸为1500×2000/字 （以"保"字为例） 红底白字	竖立 详见说明	临近林区施工场所
	尺寸为400×300 黄底黑字	悬挂或粘贴 详见说明	施工场所变压器、高压电力设备等处
	尺寸为400×300 黄底黑字	竖立 详见说明	跨越（临近）道路施工处
	尺寸为800×600 黄底黑字	竖立 详见说明	场站出入口及工点路口处

B.2.3 指令标识标牌可参照表 B.2.3 要求设置。

表 B.2.3 部分指令标志制作、安装和设置要求

图形	制作要求 (尺寸单位:mm)	安装要求	设置范围和部位
必须穿防护鞋	尺寸为 300×400	悬挂或粘贴 详见说明	易伤害脚部的作业场所,如具有腐蚀、灼热、触电、砸(刺)伤等危险的作业地点
必须戴安全帽	尺寸为 300×400	悬挂或粘贴 详见说明	头部易受伤力伤害的作业场所
必须戴防护面罩	尺寸为 300×400	悬挂或粘贴 详见说明	易造成人体紫外线辐射的作业场所,如电焊作业场所
必须戴防护手套	尺寸为 300×400	悬挂或粘贴 详见说明	易伤害手部的作业场所,如具有腐蚀、污染、灼热、冰冻及触电危险等作业场所

续上表

图形	制作要求 (尺寸单位:mm)	安装要求	设置范围和部位
必须戴防护眼镜	尺寸为 300×400	悬挂或粘贴 详见说明	对眼睛有伤害的作业场所
必须系安全带	尺寸为 300×400	悬挂或粘贴 详见说明	易发生坠落危险的作业场所
注意通风	尺寸为 300×400	悬挂或粘贴 详见说明	空气不流通,易发生窒息、中毒等作业场所
进入施工现场必须戴安全帽	尺寸为 300×400	悬挂或粘贴 或竖立 详见说明	施工现场的出入口等醒目位置

续上表

图形	制作要求 (尺寸单位:mm)	安装要求	设置范围和部位
泥浆池危险 请勿靠近	尺寸为 300×400 蓝底白字	悬挂或粘贴 详见说明	泥浆池防护栏
沉淀池危险 请勿靠近	尺寸为 300×400 蓝底白字	悬挂或粘贴 详见说明	拌和站、制梁场(预制场)沉淀池
张拉危险 请勿靠近	尺寸为 300×400 蓝底白字	悬挂或粘贴 详见说明	制梁场(预制场)、现浇梁预应力张拉处
基坑危险 请勿靠近	尺寸为 300×400 蓝底白字	悬挂或粘贴 详见说明	涵洞、桥梁基坑靠便道侧防护栏

B.2.4 提示标识标牌可参照表 B.2.4 要求设置。

表 B.2.4 部分提示标志制作、安装和设置要求

图形	制作要求 (尺寸单位:mm)	安装要求	设置范围和部位
灭火器指示标志	尺寸为 400×300	悬挂或粘贴 详见说明	需指示灭火器的处所
灭火器设备指示标志	尺寸为 400×300	悬挂或粘贴 详见说明	需指示灭火设备的处所
袖标（安全员）	尺寸为 400×400 红布白字		—
墩号标识牌	直径为 500 白底红字红圈 (以 A89 墩为例)	粘贴（喷涂） 详见说明	桥梁墩位处
制梁台座标识牌	直径为 300 白底红字红圈 (以 06 号座为例)	悬挂、粘贴（喷漆） 详见说明	梁场制梁台座或箱梁外模处

续上表

图形	制作要求 (尺寸单位:mm)	安装要求	设置范围和部位
分区标识牌 清洗区	尺寸为 800×600 白底红字 (以清洗区为例)	竖立、悬挂 详见说明	涵洞、桥梁基坑靠便道侧防护栏
复耕土堆放处	尺寸为 800×600 白底红字	竖立 详见说明	复耕土存放处
氧气存放处	尺寸为 400×300 白底红字	粘贴(喷涂) 详见说明	氧气存放处
乙炔存放处	尺寸为 400×300 白底红字	悬挂或粘贴 详见说明	乙炔存放处
废旧物品存放处	尺寸为 800×600 白底红字	竖立、悬挂 详见说明	废旧物品存放区
弃土场	尺寸为 800×600 白底红字 (以弃土场为例)	竖立 详见说明	弃土(渣)堆放处

续上表

图形	制作要求 (尺寸单位:mm)	安装要求	设置范围和部位
取土场	尺寸为 800×600 白底红字	竖立 详见说明	取土场处
机械设备标识牌	尺寸为 400×300	悬挂、粘贴 详见说明	施工接卸设备处
(半)成品材料标识牌	尺寸为 400×300	竖立、悬挂 详见说明	各种材料的半成品、成品存放区
材料标识牌	尺寸为 400×300	竖立 详见说明	储料区
机械设备标识牌	尺寸为 800×600	竖立、悬挂 详见说明	拌和机及拌和楼操作室
值班人员公示牌	尺寸为 800×600	竖立、悬挂 详见说明	既有线施工现场值班室

续上表

图形	制作要求 (尺寸单位:mm)	安装要求	设置范围和部位
安全资格公示牌	尺寸为 800×600	悬挂 详见说明	既有线施工场地值班室
当日重大危险源公示牌	尺寸为 600×800	竖立、悬挂 详见说明	有重大危险源的施工场所
应急救援流程图	尺寸为 1500×2000	竖立 详见说明	既有线施工现场值班室
施工工艺流程图 CFG桩施工工艺流程图	尺寸为 1500×1000 标明施工工艺流程 并说明主要参数	竖立、悬挂 详见说明	关键工序施工处
机械操作安全规定公示牌	尺寸为 2000×1500	竖立 详见说明	既有线施工场地
既有线安全合只是宣传牌	尺寸为 2000×1500	竖立 详见说明	既有线施工场地

续上表

图形	制作要求 （尺寸单位:mm）	安装要求	设置范围和部位
工程概括牌	尺寸一般为 2500×2000 （在大型枢纽等工程处 可根据现场情况 确定尺寸）	竖立 详见说明	桥梁、隧道、站场、拌和站、梁场等重点工程的醒目位置
工程公示牌	尺寸一般为 2500×2000 （在大型枢纽等工程处 可根据现场情况 确定尺寸）	竖立 详见说明	桥梁、隧道、站场、拌和站、梁场等重点工程的醒目位置
施工平面布置图	尺寸一般为 2500×2000 （在大型枢纽等工程处 可根据现场情况 确定尺寸）	竖立 详见说明	桥梁、隧道、站场、拌和站、梁场等重点工程的醒目位置
安全质量环保目标公示牌	尺寸一般为 2500×2000 （在大型枢纽等工程处 可根据现场情况 确定尺寸）	竖立 详见说明	桥梁、隧道、站场、拌和站、梁场等重点工程的醒目位置
应急联系电话公示牌	尺寸为1500×2000	竖立 详见说明	既有线施工场所
施工标识牌	尺寸一般为 700×500 （在大型枢纽等工程处 可根据现场情况 确定尺寸）	竖立或悬挂 详见说明	单位工程、分部工程、分项工程施工处

续上表

图形	制作要求 (尺寸单位:mm)	安装要求	设置范围和部位
安全资格公示牌	尺寸为800×600	悬挂 详见说明	既有线施工场地值班室
当日重大危险源公示牌	尺寸为600×800	竖立、悬挂 详见说明	有重大危险源的施工场所
应急救援流程图	尺寸为1500×2000	竖立 详见说明	既有线施工现场值班室

B.3 标识标牌的基本形式

B.3.1 禁止标识标牌的基本形式可参照图 B.3.1 设置。

图 B.3.1 禁止标识标牌的基本形式(尺寸单位:mm)

B.3.2 警告标识标牌的基本形式可参照图 B.3.2 设置。

图 B.3.2　警告标识标牌的基本形式(尺寸单位:mm)

B.3.3 指令标识标牌的基本形式可参照图 B.3.3 设置。

图 B.3.3　指令标识标牌的基本形式(尺寸单位:mm)

B.3.4 提示标识标牌的基本形式可参照图 B.3.4 设置。

图 B.3.4　提示标识标牌的基本形式(尺寸单位:mm)

B.3.5 安全帽的基本形式见本指南第 5.6.3 条要求。字体为简体中文黑体,大字字号为 50 号,小字字号为 30 号。

B.3.6 400mm×300mm 标识标牌的基本形式可参照图 B.3.6 设置。

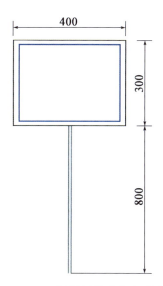

图 B.3.6　400mm×300mm 标识标牌的基本形式(尺寸单位:mm)

B.3.7 800mm×600mm 标识标牌的基本形式可参照图 B.3.7 设置。

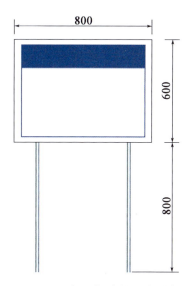

图 B.3.7　800mm×600mm 标识标牌的基本形式(尺寸单位:mm)

B.3.8 600mm×800mm 标识标牌的基本形式可参照图 B.3.8 设置。

B.3.9 1500mm×2000mm 标识标牌的基本形式可参照图 B.3.9 设置。

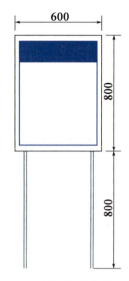

图 B.3.8　600mm×800mm 标识标牌的基本形式(尺寸单位:mm)

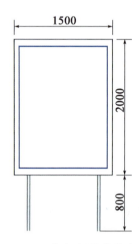

图 B.3.9　1500mm×2000mm 标识标牌的基本形式(尺寸单位:mm)

B.3.10　2000mm×1500mm 标识标牌的基本形式可参照图 B.3.10 设置。

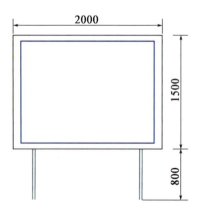

图 B.3.10　2000mm×1500mm 标识标牌的基本形式(尺寸单位:mm)

B.3.11 2500mm×2000mm 标识标牌的基本形式可参照图 B.3.11 设置。

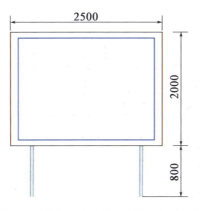

图 B.3.11　2500mm×2000mm 标识标牌的基本形式(尺寸单位:mm)

B.3.12 制梁台座、墩号牌的基本形式可参照图 B.3.12 设置。

a)制梁台座号牌　　　　b)墩号牌

图 B.3.12　制梁台座、墩号牌的基本形式(尺寸单位:mm)

B.3.13 半成品、成品和材料标识标牌的基本形式可参照图 B.3.13 设置。

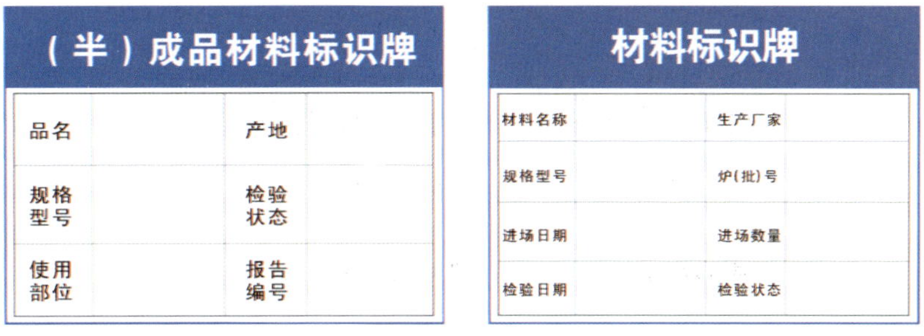

图 B.3.13　半成品、成品和材料标识标牌的基本形式

B.3.14 配合比标识牌的基本形式可参照图 B.3.14 设置。

B.3.15 机械设备标识牌的基本形式可参照图 B.3.15 设置。

B.3.16 施工标识牌的基本形式可参照图 B.3.16 设置。

配合比标识牌

工程名称				施工单位				
混凝土强度等级				施工里程				
施工部位				施工日期				
	材料名称	水泥	细骨料	粗骨料		水	外加剂	掺合料
原材料	生产厂家							
	规格型号							
	含水率(%)							
	检验状态							
理论配合比								
施工配合比								
每m³材料用量(kg)								
每盘材料且量(kg)								
施工负责人:			技术负责人:			试验负责人:		

图 B.3.14　配合比标识牌的基本形式

机械设备标识牌

设备名称		编　　号	
规格型号		操作司机	
机修负责人		电气负责人	
进场日期		状　　态	

图 B.3.15　机械设备标识牌的基本形式

施工标识牌

名　　称		里　　程	
主要技术参数		开竣工时间	
施工负责人		技术负责人	
安全工程师		质量工程师	

图 B.3.16　施工标识牌的基本形式